职业教育财经类专业教学用书

商品流通企业会计核算技能实训手册（第2版）

丛书主编　何德显

主　　编　杨美秋　黄冬英　伍燕萍

副 主 编　邓　清　黄继贤　苏　波　苏武斌

参　　编　韦莉莉　卢澄林　何小妹　张丽珍

　　　　　陆昊民　陈贵南　劳荣荧　张秋霞

　　　　　解淑清　潘玉艳　潘浩滨

電子工業出版社

Publishing House of Electronics Industry

北京·BEIJING

内容简介

本书是《商品流通企业会计核算实务（第2版）》教材的配套教学用书。本书按照主教材的内容同步设置习题，同时增设了“综合实训”项目，并将部分同步练习与综合实训内容合二为一，对学生学习内容进行自我检测和专业技能操作训练，以巩固和提高学生的专业理论和实务操作技能，也是对学生成绩考评的依据之一。

本书可作为职业院校会计专业辅助用书，也可作为各种形式的会计培训和广大会计从业人员自学用书。

本书配有参考答案，以便教师备课和自学者参考，请登录华信教育资源网（www.hxedu.com.cn）下载。

图书在版编目（CIP）数据

商品流通企业会计核算技能实训手册 / 杨美秋，黄冬英，伍燕萍主编. —2版.—北京：电子工业出版社，2017.8
ISBN 978-7-121-32013-2

Ⅰ.①商… Ⅱ.①杨… ②黄… ③伍… Ⅲ.①商业会计－中等专业学校－教学参考资料 Ⅳ.①F715.51

中国版本图书馆CIP数据核字（2017）第144017号

策划编辑：陈　虹
责任编辑：陈　虹
印　　刷：涿州市京南印刷厂
装　　订：涿州市京南印刷厂
出版发行：电子工业出版社
　　　　　北京市海淀区万寿路173信箱　　邮编 100036
开　　本：787×1 092　1/16　　印张：10.5　　字数：264千字
版　　次：2014年 8月第 1 版
　　　　　2017年 8月第 2 版
印　　次：2018年 1月第 2 次印刷
定　　价：29.50元

凡所购买电子工业出版社图书有缺损问题，请向购买书店调换。若书店售缺，请与本社发行部联系，联系及邮购电话：（010）88254888，88258888。

质量投诉请发邮件至zlts@phei.com.cn，盗版侵权举报请发邮件至dbqq@phei.com.cn。

本书咨询联系方式：chitty@phei.com.cn，010-88254470。

前言

为配合职业院校学生学习“商品流通企业会计”这门课程，我们组织编写了这本书，与电子工业出版社出版的由杨美秋、卢铁、周惠心担任主编的《商品流通企业会计核算实务（第2版）》一书配套使用。

本书在编写过程中注意知识的系统性和实用性，项目一～项目五的划分与主教材同步，题型包括不定项选择题、判断题、业务核算题和实务操作题，便于学生练习时使用。为了帮助学生全面、系统地掌握商品流通企业会计核算的综合业务处理技能，本书增加了“综合实训”项目，并将“综合实训”项目中的日常经济业务按照经济业务类型分别列入项目一～项目五的同步练习。

会计期末业务处理流程是初学者的学习难点，本书“综合实训”中的期末业务处理均以自制原始凭证的形式体现，并就期末业务处理流程及其方法做了专门的说明，对初学者不需要考虑先做什么后做什么，只要按照操作手册的排序，根据说明的要求进行操作就可以完成。

本书由杨美秋、黄冬英、伍燕萍担任主编，由邓清、黄继贤、苏波、苏武斌担任副主编，由何德显总纂。参加本书编写的人员还有（以姓氏笔画排序）：韦莉莉、卢澄林、何小妹、张丽珍、陆昊民、陈贵南、劳荣荧、张秋霞、解淑清、潘玉艳、潘浩滨。

在编写过程中，还得到了许多专业教师、职教专家、企业行业的指导和帮助，在此无法一一列出，谨向他们表示诚挚的谢意。

为了方便教师教学，本书配有习题答案（电子版），请有此需要的教师登录华信教育资源网（www.hxedu.com.cn）下载。

由于编写人员水平有限，不妥之处在所难免，敬请读者批评指正。

编　者

目　录

项目一

概　述

一、不定项选择题（下列各小题备选答案中，有一个或两个及以上符合题意的正确答案）

1．以下属于商品流通企业的是（　　）。

A．百货商店　　B．蔬菜批发公司　　C．医药商店　　D．书店

2．商品流转又称商品流通，商品流转具有的两个特征是（　　）。

A．必须有商品实物的转移　　B．必须是通过货币结算的买卖行为

C．必须是一手交钱，一手交货　　D．必须是通过银行付款

3．商品购进的确认应该具备（　　）三个条件。

A．企业购买的商品是为了转卖而购进，即为卖而买

B．必须通过现金购买，一手交钱，一手交货

C．通过货币结算方式购进商品

D．已取得所购商品的所有权

4．商品购销的交接货方式通常是根据商品的特点、管理要求和运输条件等情况，由交易双方协商决定的。通常采用的商品交接方式主要有（　　）。

A．提货制　　B．发货制　　C．送货制　　D．就地调拨制

5．商品流转核算的基本方法包括（　　）。

A．数量进价金额核算法　　B．进价金额核算法

C．数量售价金额核算法　　D．售价金额核算法

6．在商品购进业务中，根据货款结算方式或商品交接货方式的不同，从本地购进的商品，采用现金、支票、汇票等结算方式的，以（　　）的时间作为商品入账时间。

A．支付货款并取得供货单位货物发票　　B．取得供货单位货物发票

C．收到结算凭证并承付货款　　D．支付货款

7．在商品购进业务中，根据货款结算方式或商品交接货方式的不同，从外地购进的商品，采用托收承付或委托收款结算方式的，以（　　）的时间作为商品入账时间。

A．支付货款并取得供货单位货物发票　　B．取得供货单位货物发票

C．收到结算凭证并承付货款　　D．支付货款的时间

8．在商品购进业务中，根据货款结算方式或商品交接货方式的不同，采用预付货款结算方式的，以（　　）的时间作为商品入账时间。

A．支付货款并取得供货单位货物发票　　B．取得供货单位货物发票

C．收到结算凭证并承付货款　　D．支付货款的时间

9. 商品流通企业销售商品，根据货款结算方式和商品交接方式的不同，采用现金、支票、汇票等结算方式销售商品的，以（　　）的时间作为商品的入账时间。

A. 以实际发出商品

B. 以合同约定的收款日期

C. 收到货款并发出商品

D. 已收到有关运输单据并向银行办理交接单

10. 商品流通企业销售商品，根据货款结算方式和商品交接方式的不同，采用托收承付结算方式销售商品的，以（　　）的时间作为商品入账的时间。

A. 收到货款并发出商品

B. 以合同约定的收款日期

C. 以收到有关运输单据并向银行办理交接单

D. 以发出商品并办妥托收手续

11. 一般情况下，企业销售商品，应该按合同或协议规定把已收或应收的货款金额作为商品销售收入的入账金额，在商业折扣方式下，（　　）。

A. 按折扣前的金额作为商品销售收入的入账金额

B. 按折扣前的金额作为商品销售收入的入账金额

C. 按在实际发生时冲减当期销售收入

D. 按折扣后的金额作为商品销售收入的入账金额

12. 某商业企业在 2017 年 7 月 15 日收到商品一批，该批商品的货款在 7 月 1 日就已支付并已取得发票，则该商业企业的正确入账时间为（　　）。

A. 7 月 15 日　　B. 7 月 1 日　　C. 7 月 20 日　　D. 7 月 31 日

13. 北京百货股份公司 2017 年 3 月 25 日收到商品一批，该批商品的货款在 3 月 25 日同时支付，则该公司的正确入账时间为（　　）。

A. 3 月 1 日　　B. 3 月 15 日　　C. 3 月 25 日　　D. 3 月 31 日

14. 杉杉商贸公司于 2017 年 9 月 5 日向龙泉公司预购一批家电，同时预付一半货款。2017 年 9 月 20 日，该批家电到达并已取得发票。2017 年 10 月 10 日，杉杉公司付清剩余货款。则该商贸公司此批家电的正确入账时间（　　）。

A. 2017 年 9 月 5 日　　B. 2017 年 9 月 20 日

C. 2017 年 10 月 10 日　　D. 2017 年 10 月 1 日

15. 隆林商贸公司购进商品一批，其中，商品价款 40 万元，运费 2 万元，增值税 5.1 万元，手续费 0.5 万元。则该批商品的采购成本为（　　）万元。

A. 47.6　　B. 42.1　　C. 45.1　　D. 40

16. 商品购进必须同时具备的条件（　　）。

A. 为卖而买　　B. 已取得所购商品的所有权

C. 通过货币结算方式购进商品　　D. 为企业自用

17. 以下不属于商品购进范围的是（　　）。

A. 委托加工商品收回　　B. 接受捐赠

C. 从生产企业购进商品　　D. 样品

二、判断题（正确的打“√”，错误的打“×”）

1. 商品流通企业是商品流通中交换关系的主体。　　（　　）

2．商品流通企业的主要经济活动是组织商品流通，其经济活动的中心内容是商品的购进和销售。（ ）

3．商品流通企业营运资金运动的基本轨迹是“货币—商品—货币”，没有生产过程。（ ）

4．商品流通企业会计是企业会计的一个分支，是以商品流通企业为会计主体的一种行业会计。（ ）

5. 按照《小企业会计准则》的规定，小型商品流通企业在购买商品过程中发生的运杂费用，构成商品的进价成本。（ ）

6．商品流转可以分为批发商品流转和零售商品流转。（ ）

7．所谓批发，是指“趸买趸卖”，即以批量购销为特色的一种商品交易方式。销售对象主要是城乡居民和集体消费者，交易方式主要是一手交钱一手交货的现金交易。（ ）

8．所谓零售，是以“零”为特色、以“售”为中心的一种商品交易方式。经营的商品主要来源于工农业生产部门或其他批发商业企业及进口商品。（ ）

9．小型商品流通企业从国内购进的用于国内销售的商品，以进货原价作为其采购成本，发生的其他进货费用可以直接计入销售费用。（ ）

10．小型商品流通企业收购的免税农副产品，其采购成本为支付的收购价款扣除按规定计算的准予抵扣的增值税进项税额后的数额。（ ）

11．在商品采购过程中，若商品先到，并已验收入库，而相关单证未到，则商品收到时，先按合同价入账。（ ）

12．在商品采购过程中，若商品先到，并已验收入库，而相关单证未到，平时暂不入账。月末，业务人员未收到相关单证的，按合同或协议价暂估入账，下月初用红字冲回，以便在实际结算凭证收到后，按实际成本入账。（ ）

13．一般情况下，企业销售商品，应该按合同或协议规定将已收或应收的货款作为商品销售收入的入账金额，现金折扣方式下，按折让后的金额作为商品销售收入的入账金额。（ ）

14．商品购进时支付的增值税需计入采购成本。（ ）

项目二

数量进价金额核算法

一、不定项选择题（下列各小题备选答案中，有一个或两个及以上符合题意的正确答案）

1. 在送货制条件下，小型商品批发企业的商品购进业务完成后，会计部门应取得的原始凭证包括（　　）。

   A. 增值税专用发票的“发票联”和“抵扣联”
   B. 运输发票的“发票联”和“抵扣联”
   C. 商品入库单的“财务记账联”
   D. 支付货款的付款凭证

2. 在发货制条件下，小型商品批发企业的商品购进业务完成后，会计部门应取得的原始凭证包括（　　）。

   A. 增值税专用发票的“发票联”和“抵扣联”
   B. 运输发票的“发票联”和“抵扣联”
   C. 商品入库单的“财务记账联”
   D. 支付货款（含代垫运杂费）的付款凭证

3. 在转账支票结算方式下，付款单位应取得的付款凭证包括（　　）。

   A. 转账支票的“存根”联
   B. 进账单的“回单”联
   C. 进账单的“贷方凭证”联
   D. 进账单的“收账通知”联

4. 在汇兑结算方式下，付款单位应取得的付款凭证包括（　　）。

   A. 转账支票的“存根”联　B. 进账单的“回单”联
   C. 信汇凭证或电汇凭证的“回单”联　D. 进账单的“收账通知”联

5. 在商品采购过程中，由于商品交接方式和货款结算方式的不同，商品购进过程中一般存在单货同到、单到货未到、货到单未到三种情形，以下说法正确的是（　　）。

   A. “单”是指购货发票，“单到”是指收到供货方开具的购货发票
   B. “货”是指商品，“货到”是指商品已验收入库
   C. “单货同到”是指已经收到购货发票，商品已验收入库
   D. “货到单未到”是指已经收到购货发票，商品未验收入库

6. 在数量进价金额核算法下，小型商品流通企业商品购进业务会计分录的借方科目一般包括（　　）。

   A. 在途物资　B. 销售费用
   C. 应交税费——应交增值税（进项税额）　D. 银行存款

7. 在数量进价金额核算法下，在途商品结转入库应借记“库存商品”、贷记“在途物资”，其中，“库存商品”的金额是按（ ）计算的。
A. 不含税进价 B. 不含税售价 C. 含税进价 D. 含税售价
8. 关于商品购进中发生溢余的处理，以下说法正确的有（ ）。
A. 属于供方多发，同意补作购进的，应根据多发商品的价款金额借记“应付账款”
B. 属于供方多发，同意补作购进的，应根据多发商品的价款金额贷记“应收账款”
C. 属于供方多发，同意补作购进的，应根据多发商品的价款金额贷记“应付账款”
D. 属于供方多发，同意退回多发商品的，应将多发商品作为代管物资处理
9. 关于商品购进中发生短缺的业务处理，以下说法正确的有（ ）。
A. 属于供方少发，同意补发商品的，应根据少发商品的金额借记“应收账款”
B. 属于供方少发，同意补发商品的，应根据少发商品的金额借记“应付账款”
C. 属于供方少发，同意退款的，应根据少发商品的金额借记“应收账款”
D. 属于供方少发，同意退款的，应根据少发商品的金额借记“应付账款”
10. 关于商品购进中发生短缺的业务处理，以下说法正确的有（ ）。
A. 属于非正常损失的，应该由运输部门、保险公司赔偿的部分，计入“其他应收款”
B. 属于运输部门、保险公司赔偿后的净损失，计入“管理费用”
C. 属于运输部门、保险公司赔偿后的净损失，计入“营业外支出”
D. 非正常损失商品的进项税额，应从“应交税费——应交增值税（进项税额）”转入“应交税费——应交增值税（进项税额转出）”账户
11. 在发货制条件下，小型商品批发企业的商品销售业务完成后，会计部门应取得的原始凭证有（ ）。
A. 增值税专用发票的“发票联”和“抵扣联”
B. 增值税专用发票的“记账联”
C. 运输发票的“发票联”和“抵扣联”
D. 收取货款（含代垫运杂费）的收款凭证
12. 在转账支票结算方式下，收款单位应取得的收款凭证是（ ）。
A. 转账支票的“存根”联 B. 进账单的“回单”联
C. 进账单的“贷方凭证”联 D. 进账单的“收账通知”联
13. 在数量进价金额核算法下，小型商品流通企业商品销售业务会计分录的贷方科目一般包括（ ）。
A. 应收账款
B. 主营业务收入
C. 应交税费——应交增值税（进项税额）
D. 应交税费——应交增值税（销项税额）
14. 关于直运商品销售业务，以下说法正确的有（ ）。
A. 商品购进与销售同时进行
B. 直运的商品不经过直运销售企业仓库，在核算上不通过“库存商品”科目核算
C. 随时结转商品销售成本
D. 结转商品销售成本时，借记“主营业务成本”、贷记“库存商品”
15. 按照《小企业会计准则》的规定，小企业发出存货的计价方法包括（ ）。
A. 先进先出法 B. 加权平均法 C. 个别计价法 D. 毛利率法
16. 关于库存商品总账、类目账、明细账期末余额之间的关系，以下等式正确的有（ ）。
A. 库存商品总账期末余额＝库存商品各类目账账户期末余额之和

B．库存商品各类目账账户期末余额＝该类目账所属各明细账账户期末余额之和

C．库存商品总账期末余额＝全部明细账账户期末余额之和

D．库存商品各类目账账户期末余额之和＝全部明细账账户期末余额之和

17．关于盘盈、盘亏商品的处理，以下说法正确的有（　　）。

A．对于无法查明原因的商品盘盈，其实现的收益应当计入营业外收入

B．对于商品存货发生的损失应当计入管理费用

C．对于商品存货发生的损失应当计入营业外支出

D．商品发生毁损，处置收入、可收回的责任人赔偿和保险赔款，扣除其成本、相关税费后的净额，应当计入营业外支出或营业外收入

二、判断题（正确的打“√”，错误的打“×”）

1．在数量进价金额核算法下，库存商品按商品品名规格开设明细账户，同时以实物数量和售价金额记录和反映其收入、付出和结存情况。（　　）

2．数量进价金额核算法主要适用于鲜活商品的批发商品流转业务的核算。（　　）

3．在送货制条件下，一般购进价格已包含运杂费，其交货前的一切责任由供货方负责。（　　）

4．在发货制条件下，一般购进价格不包含运杂费，其交货前的商品数量、质量等责任由供货方负责。（　　）

5．在提货制条件下，一般购进价格不包含运杂费，其交货后的一切责任由购货方负责。（　　）

6．在数量进价金额核算法下，商品流通企业的商品购进业务通过“原材料”科目核算。（　　）

7．小型商品流通企业购进的商品，其采购成本包括买价及入库前发生的相关税费。（　　）

8．进货退出是指购进商品在验收入库前，发现商品品种、规格或质量等与合同不符，经与供货方协商，将商品退回供货方。（　　）

9．销货退回是指在商品销售中，由于商品品种、规格或质量等与合同不符，经协商同意退回商品的业务。（　　）

10．在先进先出法下，计算已销商品的销售成本时，按先购进商品的价格计算，期末库存商品的成本是按前面购进商品的价格计算的。（　　）

11．加权平均法是指按照全月增加数量和月初结存数量的加权平均单价计算已销商品的成本的方法。（　　）

12．批发商品库存明细账设置方法中，“三账一卡”是指业务部门、会计部门和仓库部门各设一套库存商品明细账，同时在商品存放处设置堆垛卡。（　　）

13．批发商品库存明细账设置方法中，“一账一卡”主要适用于管理要求严格或业务、财务、仓库三个部门办公场所距离较远的企业。（　　）

14．在库存商品盘点过程中，应将实地盘点的商品实存数与其账面结存数进行核对，商品实际结存数小于账面结存数的，为盘盈；反之，为盘亏。（　　）

三、业务核算题

南华市康明家电批发有限公司为一般纳税人，增值税税率为 17%，采用数量进价金额核算法对库存商品进行核算。2017 年 8 月份发生的部分经济业务如下，请根据经济业务编制会

计分录。

1．2日，从青岛海尔公司购进海尔双门冰箱1 000台，单价3 500元，收到增值税专用发票注明价款3 500 000元，增值税595 000元，商品已如数验收入库，全部款项以银行存款支付。

2．4日，向珠海格力电器有限公司购进变频空调1 500台，单价2 600元，收到增值税专用发票注明：价款3 900 000元，增值税663 000元，已通过采购专户付清全部款项，空调尚未到达。

3．5日，向青岛海尔公司购进海尔双门冰箱500台，单价3 700元，收到增值税专用发票注明价款1 850 000元，增值税314 500元，货物已验收入库，货款已从银行电汇支付。

4．6日，发现本月2日从青岛海尔公司购进海尔双门冰箱有4台不合格，经协商，海尔公司同意退货。收到红字增值税发票：双门冰箱4台，单价3 500元，价款14 000元，增值税2 380元。双门冰箱已退回，退货款已收存银行。

5．6日，收到仓库转来商品验收单。4日，向珠海格力电器有限公司购进空调已如数验收入库。

6．6日，收到银行转来托收凭证增值税专用发票及代垫运费清单，向珠海格力电器有限公司购进变频空调300台，单价2 800元，计840 000元，增值税142 800元；收到运费增值税专用发票：运费3 000元，增值税330元。运费由格力公司垫付，依照合同约定“验单付款”，验单无误承付全部款项，商品尚未运达。

7．6日，向珠海格力电器有限公司购进变频空调400台，单价2 700元，收到增值税专用发票注明价款1 080 000元，增值税183 600元，空调已验收入库，合同约定于1个月内付款。

8.8日,向广安百货公司销售格力变频空调100台,单价3 400元,开出增值税专用发票注明:价款340 000元，增值税57 800元。收到广安百货开出转账支票送存银行。

9．10日，收到仓库转来商品验收单及商品溢缺报告单上注明：6日，向珠海格力电器有限公司购进变频空调300台，实收290台，短缺10台，原因待查。

10．12日，上述10日验收入库的格力变频空调短缺原因查明，短缺10台，系供应方格力公司少发货所致，经协商对方同意补发货，补发空调尚未收到。

11．（承第10题）14日，收到仓库转来“商品验收单”：格力公司补发变频空调10台，验收入库。

12．16日，向润丰商场销售格力变频空调200台，每台售价3 500元，开出增值税专用发票注明：价款700 000元，增值税119 000元。另开出转账支票支付运费，收到运费增值税专用发票：运费1 000元，增值税110元（合同约定，运费由本公司负担）。货款已向银行办妥托收手续。

13．17日，向广安百货公司销售海尔双门电冰箱500台，开出增值税专用发票注明：单价4 500元，价款2 250 000元，增值税382 500元。收到对方开出的面值为2 632 500元的商业承兑汇票。

14．18日，收到银行转来的收账通知：16日托收的销售给润丰商场的空调款项全部入账。

15．19日，采购部交来珠海格力电器有限公司开来的专用发票：变频空调100台，单价2 800元，货款280 000元，增值税额47 600元。经与采购订单核对无误，开出并承兑一张面值为327 600元的商业承兑汇票，商品验收入库。

16．20日，预收华联商场购格力双门电冰箱货款50 000元，存入银行。

17．22日，向华联商场发出海尔双门冰箱100台，单价4 400元，售价440 000元，增值税74 800元，开出增值税专用发票，冲预收款，余款尚未收到。

18．22日，向深圳华为技术有限公司采购手机500部，收到的增值税专用发票上注明：单价1 200元，价款600 000元，增值税102 000元；收到的运费增值税发票上注明：运费500

元，增值税55元。手机尚未到达，货款及运杂费已用银行存款支付。

19．4日，22日从深圳华为技术有限公司购买手机500部，到货。商品验收时，发现有20部不合格，有480部验收合格，入库。经协商，对方同意退货，收到华为公司开出的红字专用发票上注明：货款24 000元，增值税4 080元。退货款尚未收到。

20．24日，向广安百货公司销售格力变频空调500台，开出的增值税专用发票注明：单价3500元，价款1750 000元，增值税297 500元。款项尚未收到。

21．25日，从青岛海尔公司购入双门冰箱100台，收到的增值税专用发票注明：单价3 600元，价款360 000元，增值税61 200元，收到速达物流公司开出的运费增值税专用发票上注明：运费1 500元，增值税165元，采用异地采购专户付清款项，商品尚未运达。

22．26日，向华联商场销售华为手机400台，单价1 500元，售价600 000元，增值税102 000元，开出增值税专用发票，款项尚未收到。

23．27日，收到仓库转来的商品验收单及商品溢缺报告单上注明：25日，从青岛海尔公司购入的双门冰箱100台，实际入库98台，损毁2台，原因待查。

24．28日，上述冰箱毁损原因已查明，是由于速达物流公司搬运处置不当造成的，经协商，由运输公司赔偿全部损失，赔偿款尚未收到。

25．29日，向华联商场销售海尔双门冰箱200台，开出的增值税专用发票上注明：单价4 300元，价款860 000元、增值税146 200元，对方开出转账支票支付货款及税款，商品已发出。

26．30日，发现29日向华联商场销售的海尔双门冰箱有5台验收不合格，经双方核对确认，双方协商后同意退货，当日开出的红字增值税专用发票上注明：货款21 500元，增值税3 655元，并开出转账支票退回货款及税款，收回冰箱入库。

27．按全月加权平均法计算和结转本月发出商品的销售成本。

要求：

（1）根据以上购进业务（含进货退出）登记库存商品明细账（见图2-1～图2-3），据以计算全月加权平均单价（保留2位小数）。

（2）根据以上销售业务（含销货退回）的销售数量和加权平均单价编制商品销售成本计算表（见表2-1），并据以编制结转商品销售成本的会计分录。

（3）根据结转商品销售成本的会计分录登记库存商品明细账（见图2-1～图2-3）。

库存商品明细账

类别：家电　　　　　　　　　　　　　　　　　　　　　　总第　　页

品名：海尔双门冰箱　　规格：　　　　计量单位：台　　　　分第　　页

2017年		凭证号数	摘要	借方（收入）			贷方（付出）			结存		
月	日			数量	单价	金额	数量	单价	金额	数量	均价	金额
8	1		上月结存							20	3 300	66 000.00

图2-1　库存商品明细账（简化）

库存商品明细账

类别：家电　　　　　　　　　　　　　　　　　　　　　　　　总第　　页
品名：格力变频空调　　规格：　　计量单位：台　　分第　　页

2017年		凭证号数	摘要	借方（收入）			贷方（付出）			结存		
月	日			数量	单价	金额	数量	单价	金额	数量	均价	金额
8	1		上月结存							12	2 300	27 600.00

图 2-2　库存商品明细账（简化）

库存商品明细账

类别：数码产品　　　　　　　　　　　　　　　　　　　　　　总第　　页
品名：华为手机　　规格：　　计量单位：部　　分第　　页

2017年		凭证号数	摘要	借方（收入）			贷方（付出）			结存		
月	日			数量	单价	金额	数量	单价	金额	数量	均价	金额
8	1		上月结存							30	1 100	33 000.00

图 2-3　库存商品明细账（简化）

表 2-1　商品销售成本计算表

编制日期：2017 年 8 月 31 日　　　　　　　　　　　　　　金额单位：元

商品名称	计量单位	数　量	单位成本	总　成　本
海尔双门冰箱	台			
格力变频空调	台			
华为手机	台			
合　计				

四、综合实训业务处理（以下是“项目六　综合实训”中 2017 年 1 月份发生的经济业务序号，请根据经济业务内容按照数量进价金额核算法编制会计分录）

1．商品购进中的正常业务处理

经济业务序号：1、4、6、16、21、31

2．商品购进中的异常业务账务处理

经济业务序号：17、20、46

3．商品销售中的正常业务处理

经济业务序号：10、12、18、23、27、34、42、43

4．商品销售中的异常业务账务处理

经济业务序号：36

5．其他经济业务处理

经济业务序号：7、8、9、11、13、14、15、22、25、28、29、30、32、35、37、39、40、45、47、49、50

项目三

售价金额核算法

一、不定项选择题（下列各小题备选答案中，有一个或两个及以上符合题意的正确答案）

1. 在售价金额核算法下，结转在途物资入库会计分录的基本结构是（　　）。

A. 借：在途物资（不含税进价）
　　贷：库存商品（不含税进价）

B. 借：在途物资（不含税进价）
　　贷：库存商品（含税售价）
　　　　商品进销差价（含税售价与不含税进价之间的差额）

C. 借：库存商品（含税售价）
　　贷：在途物资（含税售价）

D. 借：库存商品（含税售价）
　　贷：在途物资（不含税进价）
　　　　商品进销差价（含税售价与不含税进价之间的差额）

2. 门市销售是零售企业在门市销售商品的一种形式。销货收款方式有（　　）。

A. 集中解缴　　B. 分散解缴　　C. 货款合一　　D. 货款分管

3. 在售价金额核算法下，商品销售收入会计分录的基本结构是（　　）。

A. 借：库存现金或银行存款
　　贷：主营业务收入（不含税销售额）
　　　　应交税费——应交增值税（销项税额）

B. 借：库存现金或银行存款
　　贷：主营业务收入（含税销售额）
　　　　应交税费——应交增值税（销项税额）

C. 借：库存现金或银行存款
　　贷：主营业务收入（含税销售额）

D. 借：库存现金或银行存款
　　贷：主营业务收入（不含税销售额）

4. 在售价金额核算法下，结转商品销售成本会计分录的基本结构是（　　）。

A. 借：库存商品（含税销售额）
　　贷：主营业务成本（含税销售额）

B. 借：库存商品（不含税进价）
　　贷：主营业务成本（不含税进价）

C. 借：主营业务成本（不含税销售额）
　　贷：库存商品（不含税销售额）

D. 借：主营业务成本（含税销售额）
　　贷：库存商品（含税销售额）

5. 已销商品进销差价的计算方法主要有（　　）。

A. 综合差价率计算法　　B. 分类差价率计算法
C. 实际差价计算法　　D. 先进先出法

6. 为了正确反映零售企业库存商品资金实际占用额，必须设置（　　）账户。

A. 库存商品　　B. 在途物资　　C. 商品进销差价　　D. 材料成本差异

7. 某零售百货商店，其库存商品的核算一般采用（　　）。

A. 售价金额核算法　　B. 进价记账、盘存计销
C. 数量售价金额核算法　　D. 数量进价金额核算法

8. 采用售价金额核算的商业企业，其库存商品明细账的设置要求是（　　）。

A. 按商品类别　　B. 按进货批发
C. 按实物负责人　　D. 按商品名称及规格

9. 零售商品核算的内容包括（　　）。

A. 库存商品按含税售价记账　　B. 设置“商品进销差价”账户
C. 建立实物负责制　　D. 加强商品的实地盘点制度

二、判断题（正确的打“√”，错误的打“×”）

1. 在售价金额核算法下，库存商品按各实物负责人开设明细账户，以售价金额记录和反映其收入、付出和结存情况。（　　）

2. 在售价金额核算法下，库存商品按不含税售价金额记账。（　　）

3. 在售价金额核算法下，按实物负责人设置库存商品明细账，只记金额，不记数量。（　　）

4. 在售价金额核算法下，平时按含税售价金额登记商品的销售收入；月末，通过价税分解，将含税销售收入调整为不含税销售收入。（　　）

5. 在售价金额核算法下，平时按售价金额结转商品的销售成本；月末，通过“商品进销差价”分摊调整已销商品的成本。（　　）

6. 售价金额核算法主要适用于鲜活商品、贵重或大件商品的零售商品流转业务的核算。（　　）

7. “商品进销差价”科目属于资产类科目，借方登记商品进销差价的增加，贷方登记商品进销差价的摊销，期末借方余额反映期末结存商品的进销差价。（　　）

8. 在售价金额核算法下，企业销售商品发生商业折扣的，应当按照扣除商业折扣后的金额确定销售商品的收入金额；同时，按其折扣前的原售价金额结转商品的销售成本。（　　）

9. 在售价金额核算法下，企业销售商品发生销售折让的，应当按照扣除商业折让后的金额确认销售商品的收入金额；同时，按其折让后的金额结转商品的销售成本。（　　）

10. 在售价金额核算法下，库存商品调价，会引起商品进销差价的变动，零售价格调低，商品进销差价会增加；零售价格调高，商品进销差价会减少。（　　）

三、业务核算题

南华市天天超市为一般纳税人，增值税税率为17%，采用售价金额核算法对库存商品进行核算。该超市部分商品零售价分别为：奶糖70元/千克，沙琪玛8元/盒，巧克力饼干30元/千克，可口可乐3元/瓶，椰汁2.8元/瓶。2017年8月份发生部分经济业务如下，请根据经济业务编制会计分录。

1. 8月3日，从广东东莞徐福记食品有限公司购进奶糖200千克，收到的增值税专用发票注明：

单价 50 元，价款 10 000 元，增值税 1 700 元，奶糖验收无误后交糖饼经营组，全部款项以银行存款付讫。

2．8 月 3 日，从广东东莞徐福记食品有限公司购进沙琪玛 1 000 盒，收到的增值税专用发票注明：单价 5 元，价款 5 000 元，增值税 850 元，验收无误后交糖饼经营组，合同约定，货款于 9 月 30 日前付清。

3．8 月 4 日，从可口可乐公司购进可口可乐 100 箱，单价 48 元 / 箱，每箱 24 瓶，收到增值税专用发票注明价款 4 800 元，增值税 816 元，验收无误后交饮料组，货款约定于 1 个月后付款。

4．8 月 5 日，从广东东莞徐福记食品有限公司购进奶糖 500 千克，单价 55 元，收到的增值税专用发票注明：单价 55 元，价款 27 500 元，增值税 4 675 元。奶糖尚未到达，采用采购专户付清全部款项。

5．8 月 6 日，收到各柜组交来的“销售日报表”（见表 3-1），款项于当日送存银行。

表 3-1　商品销售日报表

编制日期：2017 年 8 月 6 日　　　　金额单位：元

营业柜组	原售价金额	实际售价金额	结算方式		
			现　金	刷　卡	合　计
糖饼经营组	2 500.00	2 500.00	1 000.00	1 500.00	2 500.00
饮料经营组	2 000.00	2 000.00	500.00	1 500.00	2 000.00
合　计	4 500.00	4 500.00	1 500.00	3 000.00	4 500.00

6．8 月 7 日，从南华安达商品批发公司购进海南椰树牌椰汁 180 箱，单价 43.2 元 / 箱，每箱有 24 瓶，收到的增值税专用发票注明：价款 7 776 元，增值税 1321.92 元，验收无误交饮料组，采用电汇方式结算。

7．8 月 8 日，收到 5 日购进奶糖，验收无误后交糖饼经营组。

8．8 月 9 日，向广东东莞徐福记食品有限公司购入巧克力饼干，收到的增值税专用发票上注明：数量 800 千克，单价 20 元，价款 16 000 元，增值税 2 720 元。收到的速达物流公司开出的运费发票上注明：运费 500 元，增值税 55 元，货物尚未收到，款项采用采购专户支付。

9．8 月 10 日，发现 3 日从广东东莞徐福记食品有限公司购进的沙琪玛，其中有 20 盒质量不合格，单位进价 5 元 / 盒，售价 8 元 / 盒。经双方协商，供货方同意退货，收到徐福记公司开出的红字增值税专用发票，商品已退回，退货款尚未收到。

10．8 月 11 日，9 日向广东东莞徐福记食品有限公司购入的巧克力饼干验收入库。实收 750 千克，短缺 50 千克，原因待查。

11．8 月 12 日，上述巧克力饼干短缺原因查明，系供方少发所致，经协商，对方同意补发，收到补发巧克力饼干 50 千克，验收无误后入库。

12．8 月 16 日，收到各柜组交来的“销售日报表”（见表 3-2），收取款项当日送存银行，其中部分商品的销售涉及商业折扣。

表 3-2　商品销售日报表

编制日期：2017 年 8 月 16 日　　　　金额单位：元

营业柜组	原售价金额	实际售价金额	结算方式		
			现　金	刷　卡	合　计
糖饼经营组	7 000.00	6 500.00	500.00	6 000.00	6 500.00
饮料经营组	4 000.00	3 800.00	800.00	3 000.00	3 800.00
合　计	11 000.00	10 300.00	1 300.00	9 000.00	10 300.00

13．8月19日，收到各柜组交来的“销售日报表”及“销货长（短）款报告单”，如表3-3、表3-4所示，销售款项于当日送存银行。

表3-3 商品销售日报表

编制日期：2017年8月19日　　　　金额单位：元

营业柜组	原售价金额	实际售价金额	结算方式		
			现 金	刷 卡	合 计
糖饼经营组	8 200.00	8 200.00	1 500.00	6 700.00	8 200.00
饮料经营组	3 000.00	3 000.00	800.00	2 200.00	3 000.00
合　计	11 200.00	11 200.00	2 300.00	8 900.00	11 200.00

表3-4 销货长（短）款报告单

编制日期：2017年8月19日　　　　金额单位：元

收银员	商品类别	应收金额	实收金额	长款金额	短款金额	原　因	处理意见
王建国	糖饼经营组	3 000.00	3 030.00	30.00		无法查明	计入营业外收入
李姗	糖饼经营组	5 200.00	5 200.00				
陈珍平	饮料经营组	3 000.00	2 900.00		100.00	误收假币	由责任人赔偿
合　计		11 200.00	11 130.00	30.00	100.00		

14．8月31日，对库存商品进行盘点，商品盘点明细表如表3-5所示，假设饮料经营组上月商品进销差价率为29%，请根据审批前的盘盈、盘亏商品编制调整库存商品的会计分录。

表3-5 库存商品盘点明细表

营业柜组：饮料经营组　　盘点日期：2017年8月31日　　金额单位：元

商品名称	规格型号	计量单位	零售价	账面结存数		实际结存数		盈亏数（+、-）	
				数　量	金　额	数　量	金　额	数　量	金　额
可口可乐		箱	84.00	50	4 200.00	49	4 116.00	-1	-84.00
椰树牌椰汁		箱	67.20	80	5 376.00	82	5 510.40	2	134.40
…						…			
合　计					9 576.00		9 626.40		50.40

15．8月31日，收到的“商品盘点溢余、短缺报告单”如表3-6所示，请根据审批结果编制会计分录。

表3-6 商品盘点溢余、短缺报告单

营业柜组：饮料经营组　　填报日期：2017年8月31日　　金额单位：元

商品名称	型号规格	计量单位	零售单价	账面结存	实际结存	盈亏（+、-）		原　因
						数　量	金　额	
可口可乐		箱	84.00	50	49	-1.00	-84.00	责任人错发
椰树牌椰汁		箱	67.20	80	82	2.00	134.40	无法查明原因
合　计							50.40	
处理意见	盘亏商品由责任人何乐赔偿60%，其余计入营业外支出，款项尚未收到；盘盈商品计入营业外收入。							

16．8月31日，收到的“零售商品价格调整表”如表3-7、表3-8所示，请编制商品调价的会计分录。

表 3-7　零售商品价格调整表

营业柜组：糖饼经营组　　编制日期：2017 年 8 月 31 日　　金额单位：元

商品名称	型号规格	计量单位	数　量	原售价	新售价	调整金额	
						单　价	金　额
奶糖		千克	100	70.00	68.00	-2.00	-200.00
沙琪玛		盒	80	8.00	8.00	0.00	0.00
巧克力饼干		千克	90	30.00	35.00	5.00	450.00
合　计							250.00

表 3-8　零售商品价格调整表

营业柜组：糖饼经营组　　编制日期：2017 年 8 月 31 日　　金额单位：元

商品名称	型号规格	计量单位	数　量	原售价	新售价	调整金额	
						单　价	金　额
可口可乐		箱	20.00	84.00	78.00	-6.00	-120.00
椰树牌椰汁		箱	25.00	67.20	70.00	2.80	70.00
合　计							-50.00

17. 8 月 31 日，根据本月记账凭证及其所附原始凭证统计出零售收入为 430 000 元，如表 3-9 所示。据以编制价税分解计算表，并编制会计分录。

表 3-9　含税收入价税分解表

编制日期：2017 年 8 月 31 日　　金额单位：元

商品类别	含税销售收入	税　率	不含税销售收入	税　额
糖饼经营组	280 000.00	17%		
饮料经营组	150 000.00	17%		
合　计	430 000.00			

18. 8 月 31 日，假设本月分摊前商品进销差价前的库存商品、商品进销差价的相关资料如表 3-10 所示。

要求：

（1）按照综合差价率法计算本月已销商品应分摊的进销差价如表 3-10 所示，据以编制会计分录。

表 3-10　商品进销差价分摊表（综合差价率法）

编制日期：2017 年 8 月 31 日　　金额单位：元

营业柜组	库存商品			分摊前商品进销差价	差 价 率	应分摊的金额
	期末结存	本月销售	合　计			
糖饼经营组	165 000.00	280 000.00		120 000.00		
饮料经营组	60 000.00	150 000.00		67 000.00		
合　计	225 000.00	430 000.00		187 000.00		

（2）按照分类差价率法计算本月已销商品应分摊的进销差价如表 3-11 所示，据以编制会计分录。

表 3-11　商品进销差价分摊表（分类差价率法）

编制日期：2017 年 8 月 31 日　　　　金额单位：元

营业柜组	库存商品			分摊前商品进销差价	差价率	应分摊的金额
	期末结存	本月销售	合计			
糖饼经营组	165 000.00	280 000.00		120 000.00		
饮料经营组	60 000.00	150 000.00		67 000.00		
合　计	225 000.00	430 000.00		187 000.00		

四、实务操作题

（一）计算和结转已销商品的进销差价

1．按综合差价率和分类差价率计算法计算已销商品的进销差价

【经济业务内容】计算和结转已销商品的进销差价。

【情景】某百货商场采用售价金额核算法进行商品流转的核算，2017 年 8 月 31 日，分摊商品进销差价前的“库存商品”、“商品进销差价”的相关资料如表 3-12 所示。

表 3-12　“库存商品”、“商品进销差价”相关资料表

编制日期：2017 年 8 月 31 日　　　　金额单位：元

营业柜组	库存商品				商品进销差价期末余额
	期初结存	借方发生额	贷方发生额	期末结存	
服装柜	137 250.00	684 000.00	656 000.00	165 250.00	295 650.00
日杂柜	138 500.00	491 500.00	526 000.00	104 000.00	157 500.00
玩具柜	211 750.00	337 000.00	458 000.00	90 750.00	153 650.00
合　计	487 500.00	1 512 500.00	1 640 000.00	360 000.00	606 800.00

【要求】

（1）按综合差价率计算法计算并编制表 3-13，根据计算结果编制结转已销商品进销差价的记账凭证（见图 3-1，记账凭证编号略，下同）。

（2）按分类（柜组）差价率计算法计算并编制表 3-14，根据计算结果编制结转已销商品进销差价的记账凭证（见图 3-2）。

表 3-13　商品进销差价分摊表

编制日期：2017 年 8 月 31 日　　　　金额单位：元

营业柜组	库存商品			分摊前的商品进销差价	差价率	应摊金额
	期末结存	贷方发生额	合计			
服装柜						
日杂柜						
玩具柜						
合　计						

记 账 凭 证

年 月 日 字 号

摘要	总账科目	明细科目	借方金额										√	贷方金额										√
			千	百	十	万	千	百	十	元	角	分		千	百	十	万	千	百	十	元	角	分	
合计																								

附件 张

会计主管： 记账： 复核： 制单：

图 3-1 记账凭证

表 3-14 商品进销差价分摊表

编制日期：2017 年 8 月 31 日　　金额单位：元

营业柜组	库存商品			分摊前的商品进销差价	差价率	应摊金额
	期末结存	贷方发生额	合计			
服装柜						
日杂柜						
玩具柜						
合计						

记 账 凭 证

年 月 日 字 号

摘要	总账科目	明细科目	借方金额										√	贷方金额										√
			千	百	十	万	千	百	十	元	角	分		千	百	十	万	千	百	十	元	角	分	
合计																								

附件 张

会计主管： 记账： 复核： 制单：

图 3-2 记账凭证

2．按实际差价计算法计算已销商品的进销差价

【经济业务内容】计算已销商品的进销差价。

【情景】接上述资料，2017 年 8 月 31 日，根据实地盘点的各柜组库存商品期末结存的数量、实际进货单价、零售单价编制期末库存商品进销差价计算表（见表 3-15 ~ 表 3-17）。

【要求】按实际差价计算法计算并编制表 3-18，根据计算结果编制结转已销商品进销差价的记账凭证（见图 3-3）。

表 3-15　期末库存商品进销差价明细表

商品类别：服装柜　　　　盘点日期：2017 年 8 月 31 日　　　　金额单位：元

商品名称	规格型号	计量单位	数　量	进价成本		售价金额		商品进销差价
				单　价	金　额	单　价	金　额	
俊牌男西服		套	30	461.54	13 846.20	650	19 500.00	5 653.80
俊牌女西服		套	35	444.44	15.555.40	630	22 050.00	6 494.60
劲旅牌男夹克		件	50	222.22	11.111.00	310	15 500.00	4 389.00
	…				…		…	
合　计					109 680.00		165 250.00	55 570.00

表 3-16　期末库存商品进销差价明细表

商品类别：日杂柜　　　　盘点日期：2017 年 8 月 31 日　　　　金额单位：元

商品名称	规格型号	计量单位	数　量	进价成本		售价金额		商品进销差价
				单　价	金　额	单　价	金　额	
益友牌擦地拖鞋		双	120	59.83	7 179.60	85	10 200.00	3 020.40
益友牌平板拖把		把	80	51.28	4 102.40	75	6 000.00	1 897.60
公主牌卡通围裙		条	200	34.19	6 838.00	50	10 000.00	3 162.00
合　计					75 640.00		104 000.00	28 360.00

表 3-17　期末库存商品进销差价明细表

商品类别：玩具柜　　　　盘点日期：2017 年 8 月 31 日　　　　金额单位：元

商品名称	规格型号	计量单位	数　量	进价成本		售价金额		商品进销差价
				单　价	金　额	单　价	金　额	
遥控玩具战车		辆	100	102.56	10 256.00	150	15 000.00	4 744.00
遥控玩具直升机		架	60	153.85	9 231.00	220	13 200.00	3 969.00
毛绒玩具熊		只	80	136.75	10 940.00	190	15 200.00	4 260.00
合　计					65 960.00		90 750.00	24 790.00

表 3-18　已销商品进销差价计算表

编制日期：2017 年 8 月 31 日　　　　金额单位：元

营业柜组	分摊前的商品进销差价	期末结存的商品进销差价	已销商品的进销差价
服装柜			
日杂柜			
玩具柜			
合　计			

记　账　凭　证

年　月　日　　　　字　号

摘　要	总账科目	明细科目	借方金额										√	贷方金额										√
			千	百	十	万	千	百	十	元	角	分		千	百	十	万	千	百	十	元	角	分	
合　计																								

附件　张

会计主管：　　记账：　　复核：　　制单：

图 3-3　记账凭证

（二）库存商品调价

【经济业务内容】库存商品调价。

【情景】某服装零售商场采用售价金额核算法进行商品流转核算。2017 年 8 月 31 日，会计员收到零售商品价格调整表（见表 3-19），请编制商品调价的记账凭证（见图 3-4）。

表 3-19　零售商品价格调整表

营业柜组：童装柜　　　　编制日期：2017 年 8 月 31 日

商品名称	型号规格	计量单位	数　量	原售价	新售价	调整金额（+、−）	
						单　价	金　额
公主牌长袖童装裙		套	60.00	130.00	120.00	−10.00	−600.00
女童韩版运动套装		套	50.00	150.00	160.00	+10.00	+500.00
佳丽牌童装套裙		套	80.00	135.00	125.00	−10.00	−800.00
合　计							−900.00

记 账 凭 证

年 月 日 ______字______号

摘要	总账科目	明细科目	借方金额										√	贷方金额										√
			千	百	十	万	千	百	十	元	角	分		千	百	十	万	千	百	十	元	角	分	
合 计																								

附件 张

会计主管： 记账： 复核： 制单：

图 3-4 记账凭证

（三）库存商品内部调拨

【经济业务内容】库存商品内部调拨。

【情景】某零售商场采用售价金额核算法进行商品流转的核算，下设东郊店和高新店。2017 年 8 月 31 日，会计员收到零售商品内部调拨单（见图 3-5），请编制零售商品内部调拨的记账凭证（见图 3-6）。

零售商品内部调拨单

调入部门：东郊店

调出部门：高新店　　　　2017 年 8 月 31 日　　　　金额单位：元

品 名	型号规格	计量单位	数 量	进货成本		零 售 价		商品进销差价
				单 价	金 额	单 价	金 额	
益友牌擦地拖鞋		双	200	70	14 000	90	18 000	4 000
益友牌平板拖把		把	200	55	11 000	70	14 000	3 000
公主牌卡通围裙		条	200	36	7 200	46	9 200	2 000
合 计					32 200		41 200	9 000

第三联：财务记账

图 3-5 零售商品内部调拨单

记 账 凭 证

年 月 日 ______字______号

摘 要	总账科目	明细科目	借方金额										√	贷方金额										√
			千	百	十	万	千	百	十	元	角	分		千	百	十	万	千	百	十	元	角	分	
合 计																								

附件　　张

会计主管：　　记账：　　复核：　　制单：

图 3-6　记账凭证

五、综合实训业务处理（以下是“项目六　综合实训”中 2017 年 1 月份发生的经济业务序号，请根据经济业务内容按照售价金额核算法编制会计分录）

1．商品购进中的正常业务处理

经济业务序号：3、5

2．商品购进中的异常业务账务处理

经济业务序号：26、38

3．商品销售中的正常业务处理

经济业务序号：19、33、44

项目四

进价金额核算法

一、不定项选择题（下列各小题备选答案中，有一个或两个及以上符合题意的正确答案）

1. 进价金额核算法主要适用于（　　）。

A. 批发商品的流转业务　　B. 鲜活商品的流转业务

C. 贵重商品的零售业务　　D. 大件商品的零售业务

2. 在送货制下，小型鲜活商品零售企业的商品购进业务完成后，会计部门应取得的原始凭证包括（　　）。

A. 农副产品收购发票的“记账联”

B. 商品收购验收单的“财务记账联”

C. 运输发票的“发票联”和“抵扣联”

D. 支付货款的付款凭证

3. 在进价金额核算法下，小型鲜活商品零售企业商品购进业务会计分录的借方科目一般包括（　　）。

A. 在途物资

B. 销售费用

C. 应交税费——应交增值税（进项税额）

D. 银行存款

4. 在进价金额核算法下，在途商品结转入库应借记“库存商品”、贷记“在途物资”，其中，“库存商品”的金额是按（　　）计算的。

A. 不含税进价　　B. 不含税售价　　C. 含税进价　　D. 含税售价

5. 小型鲜活商品零售企业的商品销售一般采用门市销售方式。其现金缴款方式主要有（　　）。

A. 集中解缴　　B. 分散解缴　　C. 货款合一　　D. 货款分管

二、判断题（正确的打“√”，错误的打“×”）

1. 在进价金额核算法下，库存商品按实物负责人开设明细账户，分别核算各实物负责人商品收入、付出及结存的金额。（　　）

2. 在进价金额核算法下，库存商品按含税进价金额记账。（　　）

3. 在进价金额核算法下，库存商品按进价记账，既登记金额，又登记数量。（　　）

4. 在进价金额核算法下，平时不计算和结转已销的商品成本，月末，再用“以存记销”的方法倒挤出已销商品的成本。（　　）

三、业务核算题

南华市兴隆超市是经营农副产品的小型零售企业，增值税一般纳税人，税率为 11%。采用进价金额核算法对库存商品进行核算。2017 年 8 月发生的部分经济业务如下，请根据经济业务编制会计分录。

1．8 月 22 日，从海鲜批发市场购进明虾 60 千克，鲈鱼 120 千克，开出的农副产品收购统一发票上注明：明虾 60 千克，单价 70 元；鲈鱼 120 千克，单价 50 元，商品已由海鲜组如数验收上柜，全部款项用转账支票付讫。

2．8 月 24 日，从肉类批发市场购进羊肉 180 千克，牛肉 300 千克，开出的农副产品收购统一发票上注明：羊肉 180 千克，单价 68 元；牛肉 300 千克，单价 60 元，商品已由肉食组如数验收上柜，合同约定于 1 个月内付款。

3．8 月 30 日，从海鲜批发市场购进明虾 50 千克，鲈鱼 100 千克，开出的农副产品收购统一发票上注明：明虾 50 千克，单价 65 元，鲈鱼 100 千克，单价 40 元，商品已由海鲜组如数验收上柜，款项以单位信用卡刷卡支付。

4．8 月 30 日，收到肉食组和海鲜组交来的“商品销售日报”如表 4-1、表 4-2 所示，销售现金收入 4 800 元，已缴存银行，刷卡收入 27 700 元。根据当日的销售日报表及其他原始凭证编制会计分录。

表 4-1　商品销售日报

营业柜组：肉食组　　　　2017 年 8 月 30 日　　　　金额单位：元

品名规格	计量单位	单　　价	数　　量	营业收入		合　　计
				现金收入	刷卡收入	
牛肉				3 000.00	13 000.00	16 000.00
羊肉				1 000.00	7 000.00	8 000.00
合　　计				4 000.00	20 000.00	24 000.00

组长：张婧　　　　复核：谭元　　　　制表：简一平

表 4-2　商品销售日报

营业柜组：肉食组　　　　2017 年 8 月 30 日　　　　金额单位：元

品名规格	计量单位	单　　价	数　　量	营业收入		合　　计
				现金收入	刷卡收入	
明虾				500.00	6 000.00	6 500.00
鱼				300.00	1 700.00	2 000.00
合　　计				800.00	7 700.00	8 500.00

组长：凌云　　　　复核：连庆峰　　　　制表：易兴宁

5．8 月 31 日，从肉类批发市场购进羊肉 100 千克，牛肉 150 千克，收到的农副产品收购统一发票上注明：羊肉 100 千克，单价 70 元，牛肉 150 千克，单价 56 元，商品已由肉食组如数验收上柜，全部款项以单位信用卡刷卡支付。

6．8 月 31 日，收到肉食柜组和海鲜柜组交来的“商品销售日报”如表 4-3、表 4-4 所示，销售现金收入 15 700 元，已缴存银行，刷卡收入 15 070 元。根据当日的销售日报表及其他原始凭证编制会计分录。

表 4-3 商品销售日报

营业柜组：肉食组　　2017 年 8 月 30 日　　金额单位：元

品名规格	计量单位	单价	数量	营业收入		合计
				现金收入	刷卡收入	
牛肉				6 000.00	4 800.00	10 800.00
羊肉				3 500.00	2 720.00	6 220.00
合计				9 500.00	7 520.00	17 020.00

组长：张婧　　复核：谭元　　制表：简一平

表 4-4 商品销售日报

营业柜组：肉食组　　2017 年 8 月 30 日　　金额单位：元

品名规格	计量单位	单价	数量	营业收入		合计
				现金收入	刷卡收入	
明虾				4 000.00	6 050.00	10 050.00
鱼				2 200.00	1 500.00	3 700.00
合计				6 200.00	7 550.00	13 750.00

组长：凌云　　复核：连庆峰　　制表：易兴宁

7. 8 月 31 日，月末，根据肉食组和海鲜组库存商品明细账显示的期初结存、本期购进及期末实地盘点盘存数量如表 4-5 所示；请根据最后一笔采购业务的单价计算期末结存商品成本（本月最后购进业务：海鲜组 30 日、肉食组 31 日），填制完成表 4-5，并据以编制结转商品销售成本的会计分录。

表 4-5 库存商品购进及结存情况表

编制日期：2017 年 8 月 31 日　　金额单位：元

柜组名称	商品名称	计量单位	期初结存		本期购进		期末结存（实地盘点）		
			数量	金额	数量	金额	数量	单价	金额
肉食组	牛肉	千克	42	2 616.00	2 100	130 830.00	35		
	羊肉	千克	18	897.00	2 680	133 570.00	25		
	小计			3 513.00		264 400.00			
海鲜组	明虾	千克	26	1 504.00	1 960	113 386.00	30		
	鲈鱼	千克	28	996.00	1 500	53 400.00	20		
	小计			2 500.00		166 786.00			
合计				6 013.00		431 186.00			

四、实务操作题

（一）根据原始凭证编制记账凭证

南华市海之蓝海鲜商城采用进价金额核算法进行商品流转的核算，2017 年 8 月，发生以下部分经济业务，请根据经济业务编制记账凭证。

1．购进商品并验收入库

2017 年 8 月 28 日，会计员收到出纳员转来的原始凭证（见图 4-1 ~ 图 4-3）。请根据原始凭证编制记账凭证（见图 4-4，记账凭证编号略，下同）。

2．购进商品并验收入库

2017 年 8 月 30 日，会计员收到出纳员交来的原始凭证（见图 4-5 和图 4-6）。请根据原始凭证编制记账凭证（见图 4-7）。

商 品 收 购 验 收 单

供货单位（个人）：北海市发仔养殖场

营业柜组：冰鲜组　　　　2017年8月28日　　　　金额单位：元

品　名	等　级	计量单位	单 价	数　量	金 额	备　　注
冰鲜大黄花鱼	散装	千克	35.60	200	7 120.00	
冰鲜鱿鱼	散装	千克	32.04	200	6 408.00	
冰鲜金鲳鱼	散装	千克	69.42	150	10 413.00	
合　　计					23 941.00	

第三联：财务记账

会计：曹雪莹　　　　验收：黎冬海　　　　制单：劳健永

图 4-1　商品收购验收单

南华市农副产品收购统一发票

记账联

代码：

号码：

开票日期：*2017 年 8 月 28 日*

销货单位（个人）	名　称	*北海市发仔养殖场*		身份证号	*450521199405120033*							
	详细地址	*北海市* 县（市）		*银沙* 乡（镇）		村						组
品名及规格		等　级	计量单位	数　量	单　价	超过十万元无效	金额 万	千	百	十	元	角	分
冰鲜大黄花鱼		*散装*	*千克*	*200*	*40.00*			*8*	*0*	*0*	*0*	*0*	*0*
冰鲜鱿鱼		*散装*	*千克*	*200*	*36.00*			*7*	*2*	*0*	*0*	*0*	*0*
冰鲜金鲳鱼		*散装*	*千克*	*150*	*78.00*		*1*	*1*	*7*	*0*	*0*	*0*	*0*
合计金额（大写）		*贰万陆仟玖佰元整*					*2*	*6*	*9*	*0*	*0*	*0*	*0*
备　注		*已由冰鲜组验收；转账付款*											

第二联：收购单位记账凭证

开票人：曹雪莹　　付款人：　　　收款人：　　　收购单位签章（未盖章无效）

图 4-2　农副产品收购统一发票

中国建设银行 电汇凭证（回 单） 1

□普通 □加急 委托日期 2017年8月28日

汇款人	全称	南华市海之蓝海鲜商城	收款人	全称	北海市发仔养殖场
	账号	450016048513668 [illegible] 382		账号	4505 [illegible] 04851366831429
	汇出地点	南华 省 市/县		汇入地点	南华 省 北海 市/县
汇出行名称		建行南华江南支行	汇入行名称		建行北海银滩支行
金额	人民币（大写）	贰万陆仟玖佰元整		亿千百十万千百十元角分	¥ 2 6 9 0 0 0 0
			支付密码		
			附加信息及用途：支付海鲜货款		
		汇出行签章		复核	记账

此联汇出行给汇款人的回单

（印章：中国建设银行股份有限公司 南华市江南支行 2017.08.28 办讫章 (5)）

图 4-3 电汇凭证

记 账 凭 证

年 月 日 字 号

摘要	总账科目	明细科目	借方金额 千百十万千百十元角分	✓	贷方金额 千百十万千百十元角分	✓
合计						

附件 张

会计主管： 记账： 复核： 制单：

图 4-4 记账凭证

商 品 收 购 验 收 单

交货单位（个人）：王奇伟

营业柜组：冰鲜组 2017年8月30日 金额单位：元

（印章：南华市海之蓝海鲜商城 业务专用章）

品名	等级	计量单位	单价	数量	金额	备注
冷冻章鱼		千克	42.72	50	2 136.00	
冷冻红衫鱼		千克	44.50	40	1 780.00	
合计					3 916.00	

第三联：财务记账

（印章：南华市海之蓝海鲜商城 财务结算章 2017.08.30）

会计：曹雪莹 验收：黎冬海 制单：劳健永

图 4-5 商品收购验收单

南华市农副产品收购统一发票

（全国统一发票监制章 南华市 国家税务总局监制）

记 账 联

代码：

号码：

开票日期： 2017年8月30日

销货单位（个人）	名 称	丘奇伟		身份证号	450834196908270011							
	详细地址	钦州市 县（市）		钦北区 乡（镇）	村 组							
品名及规格	等 级	计量单位	数 量	单 价	超过十万元无效	金额 万	千	百	十	元	角	分
冷冻章鱼	散装	千克	50	48			2	4	0	0	0	0
冷冻红衫鱼	散装	千克	40	50			2	0	0	0	0	0
合计金额（大写）	肆仟肆佰元整					¥	4	4	0	0	0	0
备 注	已由冰鲜组验收；现金付款											

第二联：收购单位记账凭证

现金付讫

南华市海之蓝海鲜商城 4501223165622468 发票专用章

开票人：曹雪莹　　付款人：汪杏梅　　收款人：丘奇伟　　收购单位签章（未盖章无效）

图 4-6 农副产品收购统一发票

记 账 凭 证

年 月 日　　　　字　　　号

摘 要	总账科目	明细科目	借方金额 千	百	十	万	千	百	十	元	角	分	✓	贷方金额 千	百	十	万	千	百	十	元	角	分	✓
合 计																								

附件　　张

会计主管：　　记账：　　复核：　　制单：

图 4-7 记账凭证

3．销售商品，货款已通过银行转账结算。

2017 年 8 月 31 日，会计员收到出纳员交来的原始凭证（见图 4-8 和图 4-9）。请根据原始凭证编制记账凭证（见图 4-10）。

南华市增值税普通发票

记账联

NO：4050316

1450008220006

开票日期：2017年8月31日

购货单位	名　　称：南华市职业技术学院食堂 纳税人识别号：4501223165622468 地 址、电 话：江南大道964号 0771—31696287 开户行及账号：建行南华江南支行 45025604851366866912			密码区	03**263>>0821927-8303 -5215895---669*>7873/ 37315/6*2-+505/32+78 +48-4*1850164907>>>/		加密版本：01 4300062620 03948082
货物或应税劳务名称	规格型号	单位	数量	单价	金额	税率	税额
海鲜		批	1	1 981.98198	1 981.98	11%	218.02
合　计					¥1 981.98		¥218.02
价税合计（大写）	人民币贰仟贰佰元整					小写：¥2 200.00	
销货单位	名　　称：南华市海之蓝海鲜商城 纳税人识别号：4501223165622468 地 址、电 话：南华市星光大道832号 0771—26260261 开户行及账号：建行南华江南支行 45001604851366864382			备注	冰鲜组、转账		

收款人：　　复核：颜少鹏　　开票人：姚东　　销货单位：（章）

第四联：销货方记账凭证

全国统一发票监制章 南华市 国家税务总局监制

南华市海之蓝海鲜商城 发票专用章

南华市海之蓝海鲜商城 财务结算章 2017.08.31

图 4-8　增值税普通发票

中国建设银行 **进账单**（收账通知）　3

2017 年 8 月 31 日

出票人	全　称	南华市职业技术学院食堂	收款人	全　称	南华市海之蓝海鲜商城
	账　号	45025604851366866912		账　号	45001604851366864382
	开户银行	工行南华五一支行		开户银行	建行南华江南支行
金额	人民币（大写）	贰仟贰佰元整		亿千百十万千百十元角分	¥220000
票据种类	转账支票	票据张数	1		
票据号码	6361				
复核	记账			收款人开户银行签章	

开户银行交给收款人的收账通知

中国建设银行股份有限公司 南华市江南支行 2017.08.31 办讫章（6）

图 4-9　进账单

记　账　凭　证

年　月　日　　　　　　字　　　　号

摘　要	总账科目	明细科目	借方金额（千百十万千百十元角分）	√	贷方金额（千百十万千百十元角分）	√
合　计						

附件　　张

会计主管：　　记账：　　复核：　　制单：

图 4-10　记账凭证

4．销售商品，收取现金并已缴存银行。

2017 年 8 月 31 日，会计员收到出纳员交来的原始凭证（见图 4-11，表 4-6）。请根据原始凭证编制记账凭证（见图 4-12）。

中国建设银行（　　）现金解款单（回单）①

2017年8月31日

收款单位	全 称	南华市海之蓝海鲜商城	款项来源	零售货款
	账 号	45001604851366864382	解款部门	海鲜组

人民币（大写）	壹万贰仟贰佰元整	百	十	万	千	百	十	元	角	分
			¥	1	2	2	0	0	0	0

票 面	张 数	种类	千	百	十	元	角	分
壹佰元	108	二元			3	0	0	0
五十元	17	一元			1	0	0	0
二十元	16	角票						
十元	11	分币						
五元	16	封包						

中国建设银行股份有限公司
南华市江南支行
2017.08.31
办讫章
（5）

收款银行盖章

图 4-11　现金解款单

表 4-6　商品销售日报表

营业柜组：肉食组　　　　2017 年 8 月 31 日　　　　金额单位：元

品名规格	计量单位	单 价	数 量	营业收入 现金收入	转账收入	合 计
冰鲜鱼类				5 600.00	800.00	6 400.00
冰鲜肉类				4 200.00	900.00	5 100.00
其 他				2 400.00	500.00	2 900.00
合 计				12 200.00	2 200.00	14 400.00

组长：劳健永　　　　复核：曹雪莹　　　　制表：黎冬海

记　　账　　凭　　证

年　　月　　日　　　　＿＿＿＿字＿＿＿＿号

摘 要	总账科目	明细科目	借方金额 千	百	十	万	千	百	十	元	角	分	√	贷方金额 千	百	十	万	千	百	十	元	角	分	√
合 计																								

附件　　张

会计主管：　　　　记账：　　　　复核：　　　　制单：

图 4-12　记账凭证

5．计算和结转已销商品的销售成本。

会计员根据 2017 年 8 月份的记账凭证及其所附的原始凭证登记冰鲜组的库存商品明细账（见图 4-13）；月末，实地盘点商品的结存情况如表 4-7 所示。

要求：

（1）计算本月已销商品的销售成本。

（2）编制结转已销商品销售成本的记账凭证（见图 4-14）。

（3）根据结转已销商品销售成本的记账凭证登记库存商品明细账（见图 4-13）。

库存商品　明细账

户名 冰鲜组　　　　细目　　　　总第　　页 分第　　页

2017年		记账凭证		摘要	借方	√	贷方	√	借或贷	余额	√
月	日	字	号		亿千百十万千百十元角分		亿千百十万千百十元角分			亿千百十万千百十元角分	
			…		…				…		
7	31			购进	2642000				借	4918200	
7	31			结转商品销售成本			4782200		借	136000	
8	2			购进	3132000						
	7			购进	6612000						
	9			购进	5742000						
	15			购进	6072600						
	19			购进	8004000						
	22			购进	8352000						
	28			购进	2394100						
	30			购进	391600				借	4206030	

图 4-13　库存商品明细账

表 4-7　库存商品盘点表

营业柜组：冰鲜组　　　　盘点日期：2017 年 8 月 31 日　　　　金额单位：元

编号	商品名称	规格型号	计量单位	单价	数量	金额
	冰鲜大黄花鱼	散装	千克	35.60	15	534.00
	冰鲜鱿鱼	散装	千克	32.04	25	801.00
	冰鲜金鲳鱼	散装	千克	69.42	50	3 471.00
	冷冻章鱼	散装	千克	42.72	100	4 272.00
	冷冻红衫鱼	散装	千克	44.50	20	890.00
	冰鲜沙丁鱼	散装	千克	52.20	40	2 088.00
	冰鲜贵妃鱼	散装	千克	46.98	50	2 349.00
	冰鲜银鳕鱼	散装	千克	165.30	10	1 653.00
	合　计					16 058.00

组长：劳健永　　　　复核：曹雪莹　　　　制表：黎冬海

记 账 凭 证

年 月 日 ______字______号

摘要	总账科目	明细科目	借方金额										√	贷方金额										√
			千	百	十	万	千	百	十	元	角	分		千	百	十	万	千	百	十	元	角	分	
合计																								

附件 张

会计主管： 记账： 复核： 制单：

图 4-14 记账凭证

项目五

数量售价金额核算法

一、不定项选择题（下列各小题备选答案中，有一个或两个及以上符合题意的正确答案）

1．在数量售价金额核算法下，结转在途物资入库会计分录的基本结构是（　　）。

A．借：在途物资（不含税进价）
　　贷：库存商品（不含税进价）

B．借：库存商品（含税售价）
　　贷：在途物资（不含税进价）
　　　　商品进销差价（含税售价与不含税进价之间的差额）

C．借：库存商品（含税售价）
　　贷：在途物资（含税售价）

D．借：在途物资（不含税进价）
　　贷：库存商品（含税售价）
　　　　商品进销差价（含税售价与不含税进价之间的差额）

2．在数量售价金额核算法下，商品销售收入会计分录的基本结构是（　　）。

A．借：库存现金或银行存款
　　贷：主营业务收入（不含税销售额）
　　　　应交税费——应交增值税（销项税额）

B．借：库存现金或银行存款
　　贷：主营业务收入（含税销售额）
　　　　应交税费——应交增值税（销项税额）

C．借：库存现金或银行存款
　　贷：主营业务收入（含税销售额）

D．借：库存现金或银行存款
　　贷：主营业务收入（不含税销售额）

3．在数量售价金额核算法下，结转已销商品销售成本会计分录的基本结构是（　　）。

A．借：库存商品（含税销售额）
　　贷：主营业务成本（含税销售额）

B．借：库存商品（不含税进价）
　　贷：主营业务成本（不含税进价）

C．借：主营业务成本（不含税销售额）
　　贷：库存商品（不含税销售额）

D．借：主营业务成本（含税销售额）
　　贷：库存商品（含税销售额）

二、判断题（正确的打“√”，错误的打“×”）

1．在数量售价金额核算法下，库存商品按含税零售价记账，只记金额，不记数量。（　　）

2．数量售价金额核算法主要适用于专业性较强、品种规格不多，特别是贵重、大件商品的零售商品流转业务。（　　）

3．在数量售价金额核算法下，“库存商品”科目按商品品名规格设置明细账，同时按商品大类设置二级明细账。（　　）

4．在数量售价金额核算法下，“商品进销差价”科目按实物负责人设置明细账，核算各实物负责人商品的进销差价。（　　）

5．在数量售价金额核算法下，平时按含税售价结转已销商品的销售成本，月末，通过商品进销差价的分摊将含税售价的“主营业务成本”调整为不含税进价。（　　）

三、业务核算题

南华市康华汽车销售有限公司是经营汽车零售的企业，为一般纳税人，增值税税率为17%。采用数量售价金额核算法对库存商品进行核算，按汽车品牌计算结转商品进销差价。2017年8月发生如下部分经济业务，请根据经济业务编制会计分录。

1．8月3日，从一汽大众公司购进帕萨特2.0小轿车10辆，进价205 000元/辆，收到增值税专用发票注明：价款2 050 000元，增值税348 500元，商品已验收入库，全部款项以银行存款付讫，大众小轿车零售价为260 000元/辆。

2．8月4日，向上汽通用五菱公司购进微型面包车15辆，单价32 000元，收到增值税专用发票注明：价款480 000元，增值税81 600元，汽车已验收入库，用银行汇票付清全部款项。五菱微型面包车零售价为45 000元/辆。

3．8月10日，从一汽大众公司购进帕萨特2.4大众汽车5辆，进价235 000元，收到的增值税专用发票上注明：价款1 175 000元，增值税199 750元。收到的运费增值税专用发票上注明：运费15 000元，增值税1650元。汽车验收无误后入库，全部款项以银行存款付讫，大众帕萨特汽车零售价为300 000元/辆。

4．8月12日，发现8月4日向上汽通用五菱公司购进的微型面包车中有3辆不符合质量要求，经双方协商，做退货处理。尚未收到退款，已收到红字增值税专用发票和商品入库存单。

5．8月14日，财务部收到销售部交来的“商品销售日报表”（见表5-1），请编制确认销售收入和结转商品销售成本的会计分录。

表5-1　商品销售日报表

商品类别：汽车　　　　2017年8月14日　　　　金额单位：元

品名规格	计量单位	数量	库存售价		实际售价		结算方式	
			单价	金额	单价	金额	现金	刷卡
五菱面包车	辆	3	45 000.00	135 000.00	44 800.00	134 400.00		134 400.00
大众帕萨特2.0	辆	5	260 000.00	1 300 000.00	260 000.00	1 300 000.00		1 300 000.00
大众帕萨特2.4	辆	1	300 000.00	300 000.00	298 000.00	298 000.00		298 000.00
合计				1 735 000.00		1 732 400.00		1 732 400.00

主管：张鑫　　　　发货：宁青　　　　收银：赵小林　　　　制表：郑伊一

6. 8月15日，客户反映8月13日销售的大众汽车帕萨特2.0有1辆不符合质量要求，经核实属实，双方协商，做退货处理，开出红字增值税专用发票和商品入库存单，当日即开出转账支票并退回货款。小轿车回收入库待与一汽大众公司协商处理。

7. 8月19日，财务部收到销售部交来的“商品销售日报表”（见表5-2），请编制确认销售收入和结转商品销售成本的会计分录。

表5-2 商品销售日报表

商品类别：汽车　　2017年8月19日　　金额单位：元

品名规格	计量单位	数量	库存售价		实际售价		结算方式	
			单价	金额	单价	金额	现金	刷卡
五菱面包车	辆	5	45 000.00	225 000.00	44 800.00	224 000.00		224 000.00
大众帕萨特2.0	辆	3	260 000.00	780 000.00	260 000.00	780 000.00		780 000.00
大众帕萨特2.4	辆	2	300 000.00	600 000.00	298 000.00	596 000.00		596 000.00
合计				1 605 000.00		1 600 000.00		1 600 000.00

主管：张鑫　　发货：宁青　　收银：赵小林　　制表：郑伊一

8. 8月31日，本月全部零售收入是35 112 000元，其中，大众帕萨特2.0为20 800 000元，大众帕萨特2.4为10 728 000元，五菱面包车是3 584 000元。根据以上资料编制价税分解计算表（见表5-3），并编制会计分录。

表5-3 含税收入价税分解表

编制日期：2017年8月31日　　金额单位：元

品名规格	含税销售收入	税率	不含税销售收入	税额
大众帕萨特2.0	20 800 000.00	17%		
大众帕萨特2.4	10 728 000.00	17%		
五菱微型面包车	3 584 000.00	17%		
合　计	35 112 000.00			

9. 8月31日，按商品品牌分类计算和结转已销商品的进销差价。8月末“库存商品”账户和“商品进销差价”账户的有关信息见表5-4。

表5-4 商品进销差价分摊表

编制日期：2017年8月31日　　金额单位：元

商品类别	库存商品			分摊前商品进销差价	差价率	应分摊金额
	期末结存	本期销售	合　计			
五菱微型面包车	360 000.00	3 584 000.00		717 808.00		
大众小轿车	1 940 000.00	31 528 000.00		7 195 620.00		
合　计	2 300 000.00	35 112 000.00		7 913 428.00		

四、实务操作题

【情景】南华市佳佳家电商城是经营家电零售的小企业，为增值税一般纳税人，根据商品流转的特点，采用数量售价金额核算法进行商品流转核算。2017年8月发生部分经济业务，请根据经济业务的原始凭证编制记账凭证（记账凭证编号略）。

（一）商品购进的业务处理

【经济业务内容】购进商品并验收入库，货款已通过银行汇票结算。

【情景】2017年8月4日，会计员收到出纳员交来的原始凭证（见图5-1～图5-8）。

【要求】根据原始凭证分别编制商品购进和结转入库的记账凭证（见图5-9和图5-11）。

上海市增值税专用发票

（全国统一发票监制章 上海市 国家税务总局监制）

发 票 联

3100031149　　NO：2434628　　开票日期：2017年8月9日

购货单位	名　　称：南华市佳佳家电商城 纳税人识别号：452122316518764 地 址、电 话：南华市和平大道892号 0771—32269936 开户行及账号：建行南华和平支行 45001604851366896482				密码区	03**263>>0821927-8303 -5215895---669*>7873/ 37315/6*2-+505/32+78 +48-4*1850164907>>>/	加密版本：01 4300062620 03948082	
货物或应税劳务名称	规格型号	单位	数量	单价	金额	税率	税额	
西口电冰箱	BCD-256	台	40	2 500.00	100 000.00	17%	17 000.00	
西口电冰箱	BCD-236	台	40	1 850.00	74 000.00	17%	12 580.00	
海王洗衣机	XQG60-1086	台	40	1 700.00	68 000.00	17%	11 560.00	
合　　计					¥ 242 000.00		¥ 41 140.00	
价税合计（大写）	人民币贰拾捌万叁仟壹佰肆拾元整					小写：¥ 283 140.00		
销货单位	名　　称：上海市逸安家电贸易公司 纳税人识别号：3310229631521339 地 址、电 话：上海市杭州路823号 021—32692637 开户行及账号：建行上海淮海支行 44201581500059113623				备注	电汇 （上海市逸安家电贸易公司 3310229631521339 发票专用章）		

第二联：购货方记账凭证

收款人：　　复核：翟晓冬　　开票人：向阳　　销货单位：（章）

图5-1　增值税专用发票

上海市增值税专用发票

（全国统一发票监制章 上海市 国家税务总局监制）

抵 扣 联

3100031149　　NO：2434628　　开票日期：2017年8月9日

购货单位	名　　称：南华市佳佳家电商城 纳税人识别号：452122316518764 地 址、电 话：南华市和平大道892号 0771—32269936 开户行及账号：建行南华和平支行 45001604851366896482				密码区	03**263>>0821927-8303 -5215895---669*>7873/ 37315/6*2-+505/32+78 +48-4*1850164907>>>/	加密版本：01 4300062620 03948082	
货物或应税劳务名称	规格型号	单位	数量	单价	金额	税率	税额	
西口电冰箱	BCD-256	台	40	1 850.00	100 000.00	17%	17 000.00	
西口电冰箱	BCD-236	台	40	2 500.00	74 000.00	17%	12 580.00	
海王洗衣机	XQG60-1086	台	40	1 700.00	68 000.00	17%	11 560.00	
合　　计					¥ 242 000.00		¥ 41 140.00	
价税合计（大写）	人民币贰拾捌万叁仟壹佰肆拾元整					小写：¥ 283 140.00		
销货单位	名　　称：上海市逸安家电贸易公司 纳税人识别号：3310229631521339 地 址、电 话：上海市杭州路823号 021—32692637 开户行及账号：建行上海淮海支行 44201581500059113623				备注	电汇 （上海市逸安家电贸易公司 3310229631521339 发票专用章）		

第三联：购货方抵扣凭证

收款人：　　复核：翟晓冬　　开票人：向阳　　销货单位：（章）

图5-2　增值税专用发票

上海市增值税专用发票

全国统一发票监制章 上海市 国家税务总局监制

发票联

3100031149

NO：2434629

开票日期：2017年8月9日

购货单位	名　　称：南华市佳佳家电商城 纳税人识别号：452122316518764 地 址、电 话：南华市和平大道892号 0771－32269936 开户行及账号：建行南华和平支行 45001604851366896482	密码区	03**263>>0821927-8303 -5215895---669*>7873/ 37315/6*2-+505/32+78 +48-4*1850164907>>>/
		加密版本：01	4300062620 03948082

货物或应税劳务名称	规格型号	单位	数量	单价	金额	税率	税额
奔逸彩电	42寸	台	30	2 000.00	60 000.00	17%	10 200.00
奔逸彩电	48寸	台	40	2 500.00	100 000.00	17%	17 000.00
樱达彩电	50寸	台	30	3 000.00	90 000.00	17%	15 300.00
合　计					¥250 000.00		¥42 500.00
价税合计（大写）	人民币贰拾玖万贰仟伍佰元整					小写：¥292 500.00	

销货单位	名　　称：上海市逸安家电贸易公司 纳税人识别号：3310229631521339 地 址、电 话：上海市杭州路823号 021－32692637 开户行及账号：建行上海淮海支行 44201581500059113623	备注	上海市逸安家电贸易公司 3310229631521339 发票专用章 银行汇票

收款人：　　复核：杨阳　　开票人：幸立斌　　销货单位：（章）

第二联：购货方记账凭证

图 5-3　增值税专用发票

上海市增值税专用发票

全国统一发票监制章 上海市 国家税务总局监制

抵扣联

3100031149

NO：2434629

开票日期：2017年8月9日

购货单位	名　　称：南华市佳佳家电商城 纳税人识别号：452122316518764 地 址、电 话：南华市和平大道892号 0771－32269936 开户行及账号：建行南华和平支行 45001604851366896482	密码区	03**263>>0821927-8303 -5215895---669*>7873/ 37315/6*2-+505/32+78 +48-4*1850164907>>>/
		加密版本：01	4300062620 03948082

货物或应税劳务名称	规格型号	单位	数量	单价	金额	税率	税额
奔逸彩电	42寸	台	30	2 000.00	60 000.00	17%	10 200.00
奔逸彩电	48寸	台	40	2 500.00	100 000.00	17%	17 000.00
樱达彩电	50寸	台	30	3 000.00	90 000.00	17%	15 300.00
合　计					¥ 250 000.00		¥ 42 500.00
价税合计（大写）	人民币贰拾玖万贰仟伍佰元整					小写：¥ 292 500.00	

销货单位	名　　称：上海市逸安家电贸易公司 纳税人识别号：3310229631521339 地 址、电 话：上海市杭州路823号 021－32692637 开户行及账号：建行上海淮海支行 44201581500059113623	备注	上海市逸安家电贸易公司 3310229631521339 发票专用章 银行汇票

收款人：　　复核：杨阳　　开票人：幸立斌　　销货单位：（章）

第三联：购货方抵扣凭证

图 5-4　增值税专用发票

中 国 建 设 银 行

NO：01345293

付款期限 壹 个 月

银 行 汇 票

多余款收账通知　4

第 210174653 号

出票日期（大写）	贰零壹柒年柒月贰拾玖日	代理付款行：建行上海淮海支行	行号：02166
收款人：上海市逸安家电贸易公司		账号：44201581500059113623	
出票金额	人民币（大写）	伍拾捌万元整	
实际结算金额	人民币（大写）	伍拾柒万伍仟陆佰肆拾元整	千 百 十 万 千 百 十 元 角 分 ¥ 5 7 5 6 4 0 0 0
申 请 人：南华市佳佳家电商城		账号或住址：45001604851366896482	
出 票 行：建行南华和平支行	行号：00365	多余金额 千 百 十 万 千 百 十 元 角 分 ¥ 4 3 6 0 0 0	左列退回多余金额已收入你账户内
备　　注：		财务主管　复核　经办人	

出票行盖章

中国建设银行股份有限公司 南华市和平支行 2017.08.10 办讫章 （5）

此联出票行结清多余款后交申请人

图 5-5　银行汇票

零售商品入库单

供货单位：上海市逸安家电贸易公司　　类别：电冰箱　　填制日期：2017年8月11日

品　名	型号规格	计量单位	数　量	进货价		零售价		商品进销差价
				单　价	金　额	单　价	金　额	
西口电冰箱	BCD-256	台	40	2 500.00	100 000.00	3 500.00	140 000.00	40 000.00
西口电冰箱	BCD-236	台	40	1 850.00	74 000.00	2 600.00	104 000.00	30 000.00
合　计					174 000.00		244 000.00	70 000.00
备　　注								

第三联：财务记账

复核：龙晓莹　　会计：龙晓莹　　验收：凌颖　　制单：银华星

图 5-6　零售商品入库单

零售商品入库单

供货单位：上海市逸安家电贸易公司　　类别：洗衣机　　填制日期：2017年8月11日

品　名	型号规格	计量单位	数　量	进货价		零售价		商品进销差价
				单　价	金　额	单　价	金　额	
海王洗衣机	XQG60-1086	台	40	1 700.00	68 000.00	2 200.00	88 000.00	20 000.00
合　计					68 000.00		88 000.00	20 000.00
备　　注								

第三联：财务记账

复核：龙晓莹　　会计：龙晓莹　　验收：凌颖　　制单：银华星

图 5-7　零售商品入库单

零售商品入库单

供货单位：上海市逸安家电贸易公司　　类别：电视机　　填制日期：2017年8月11日

品　名	型号规格	计量单位	数　量	进货价		零售价		商品进销差价
				单　价	金　额	单　价	金　额	
奔逸彩电	42寸	台	30	2 000.00	60 000.00	2 800.00	84 000.00	24 000.00
奔逸彩电	48寸	台	40	2 500.00	100 000.00	3 500.00	140 000.00	40 000.00
樱达彩电	50寸	台	30	3 000.00	90 000.00	4 200.00	126 000.00	36 000.00
合　计					250 000.00		350 000.00	100 000.00
备　　注								

第三联：财务记账

复核：龙晓莹　　会计：龙晓莹　　验收：凌颖　　制单：银华星

图 5-8　零售商品入库单

记 账 凭 证

年 月 日 字 号

摘要	总账科目	明细科目	借方金额										√	贷方金额										√
			千	百	十	万	千	百	十	元	角	分		千	百	十	万	千	百	十	元	角	分	
合计																								

附件 张

会计主管： 记账： 复核： 制单：

图 5-9 记账凭证

记 账 凭 证

年 月 日 字 号

摘要	总账科目	明细科目	借方金额										√	贷方金额										√
			千	百	十	万	千	百	十	元	角	分		千	百	十	万	千	百	十	元	角	分	
合计																								

附件 张

会计主管： 记账： 复核： 制单：

图 5-10 记账凭证

记 账 凭 证

年 月 日 字 号

摘要	总账科目	明细科目	借方金额										√	贷方金额										√
			千	百	十	万	千	百	十	元	角	分		千	百	十	万	千	百	十	元	角	分	
合计																								

附件 张

会计主管： 记账： 复核： 制单：

图 5-11 记账凭证

（二）进货退出业务处理

【经济业务内容】进货退出。

【情景】接上述购进业务，假如 2017 年 8 月 26 日发现 8 月 9 日入库的型号 BCD-236 西口电冰箱 40 台中，有 10 台不符合质量要求，经双方协商同意退货。2017 年 8 月 31 日会计员收到业务员交来红字增值税专用发票和商品入库单（见图 5-12 ~ 图 5-14）。

【要求】根据原始凭证编制记账凭证（见图 5-15）。

上海市增值税专用发票

上海市 抵扣联

3100031149　　NO：2434622

开票日期：2017年8月31日

购货单位	名　　称：南华市佳佳家电商城 纳税人识别号：452122316518764 地 址、电 话：南华市和平大道892号 0771－32269936 开户行及账号：建行南华和平支行 45001604851366896482				密码区	03**263>>0821927-8303 -5215895---669*>7873/ 37315/6*2-+505/32+78 +48-4*1850164907>>>/		加密版本：01 4300062620 03948082
货物或应税劳务名称	规格型号	单位	数量	单价	金额	税率	税额	
西口电冰箱	BCD-236	台	10	1 850.00	18 500.00	17%	3 145.00	
合　计					¥ 18 500.00		¥ 3 145.00	
价税合计（大写）	人民币贰万壹仟陆佰肆拾伍元整					小写：¥ 21 645.00		
销货单位	名　　称：上海市逸安家电贸易公司 纳税人识别号：3310229631521339 地 址、电 话：上海市杭州路823号 021－32692637 开户行及账号：建行上海淮海支行 44201581500059113622				备注	质量不符，退货		

第三联：购货方抵扣凭证

收款人：　　复核：翟晓冬　　开票人：向阳　　销货单位：（章）

图 5-12　增值税专用发票

上海市增值税专用发票

上海市 抵扣联

3100031149　　NO：2434622

开票日期：2017年8月31日

购货单位	名　　称：南华市佳佳家电商城 纳税人识别号：452122316518764 地 址、电 话：南华市和平大道892号 0771－32269936 开户行及账号：建行南华和平支行 45001604851366896482				密码区	03**263>>0821927-8303 -5215895---669*>7873/ 37315/6*2-+505/32+78 +48-4*1850164907>>>/		加密版本：01 4300062620 03948082
货物或应税劳务名称	规格型号	单位	数量	单价	金额	税率	税额	
西口电冰箱	BCD-236	台	10	1 850.00	18 500.00	17%	3 145.00	
合　计					¥ 18 500.00		¥ 3 145.00	
价税合计（大写）	人民币贰万壹仟陆佰肆拾伍元整					小写：¥ 21 645.00		
销货单位	名　　称：上海市逸安家电贸易公司 纳税人识别号：3310229631521339 地 址、电 话：上海市杭州路823号 021－32692637 开户行及账号：建行上海淮海支行 44201581500059113622				备注	质量不符，退货		

第三联：购货方抵扣凭证

收款人：　　复核：翟晓冬　　开票人：向阳　　销货单位：（章）

图 5-13　增值税专用发票

零售商品入库单

供货单位：上海市逸安家电贸易公司　　类别：电冰箱　　填制日期：2017年8月31日

品名	型号规格	计量单位	数量	进货价		零售价		商品进销差价
				单价	金额	单价	金额	
西口电冰箱	BCD-236	台	10	1 850.00	18 500.00	2 600.00	26 000.00	7 500.00
合计					18 500.00		26 000.00	7 500.00
备注								

第三联：财务记账

南华市佳佳家电商城 业务专用章

南华市佳佳家电商城 财务结算章 2017.08.31

复核：龙晓莹　　会计：龙晓莹　　验收：凌颖　　制单：银华星

图 5-14　零售商品入库单

记账凭证

年　月　日　　　　字　　号

摘要	总账科目	明细科目	借方金额										√	贷方金额										√
			千	百	十	万	千	百	十	元	角	分		千	百	十	万	千	百	十	元	角	分	
合计																								

附件　张

会计主管：　　记账：　　复核：　　制单：

图 5-15　记账凭证

（三）计算和结转已销商品进销差价

【经济业务内容】计算和结转已销商品的进销差价。

【情景】某百货商场采用数量售价金额核算法进行商品流转的核算，2017 年 8 月 31 日，分摊商品进销差价前的“库存商品”、“商品进销差价”的相关资料如表 5-5 所示。

【要求】

（1）按综合差价率计算法计算并编制表 5-6，根据计算结果编制结转已销商品进销差价的记账凭证（见图 5-16）。

（2）按分类差价率计算法计算并编制表 5-7，根据计算结果编制结转已销商品进销差价的记账凭证（见图 5-17）。

表 5-5 "库存商品"、"商品进销差价"的相关资料表

编制日期：2017 年 8 月 31 日　　　　金额单位：元

商品类别	库存商品				商品进销差价的期末余额
	期初结存	借方发生额	贷方发生额	期末结存	
电视机	143 000.00	892 000.00	856 000.00	179 000.00	310 500.00
电冰箱	134 000.00	691 000.00	728 000.00	97 000.00	231 000.00
洗衣机	211 000.00	429 000.00	557 000.00	83 000.00	160 000.00
合　计	488 000.00	2 012 000.00	2 141 000.00	359 000.00	701 500.00

表 5-6 商品进销差价分摊表

编制日期：2017 年 8 月 31 日　　　　金额单位：元

商品类别	库存商品			分摊前的商品进销差价	差价率	应摊金额
	期末结存	贷方发生额	合　计			
服装柜						
日杂柜						
玩具柜						
合　计						

记　账　凭　证

年　月　日　　　　字　　号

摘　要	总账科目	明细科目	借方金额										✓	贷方金额										✓
			千	百	十	万	千	百	十	元	角	分		千	百	十	万	千	百	十	元	角	分	
	合　计																							

附件　　张

会计主管：　　记账：　　复核：　　制单：

图 5-16 记账凭证

表 5-7 商品进销差价分摊表

编制日期：2017 年 8 月 31 日　　　　金额单位：元

商品类别	库存商品			分摊前的商品进销差价	差　价　率	应摊金额
	期末结存	贷方发生额	合计			
服装柜						
日杂柜						
玩具柜						
合　计						

记 账 凭 证

年 月 日　　　　______字______号

摘 要	总账科目	明细科目	借方金额										√	贷方金额										√
			千	百	十	万	千	百	十	元	角	分		千	百	十	万	千	百	十	元	角	分	
合 计																								

附件　　张

会计主管：　　　　记账：　　　　复核：　　　　制单：

图 5-17　记账凭证

项目六

综合实训

一、背景资料

本案例以南华市华荣贸易有限公司2017年1月份的经济业务为背景，要求学生系统、全面地掌握小型批零兼营商品流通企业会计业务的处理过程，包括期初建账、编制记账凭证、登记会计账簿、编制会计报表等工作。

南华市华荣贸易有限公司是小型批零兼营的商品流通企业，为增值税一般纳税人，下设批发部、食品柜、日杂柜、玩具柜四个营业部门，批发部主要经营批发业务，并为食品柜、日杂柜、玩具柜三个零售柜组组织零售商品的货源；食品柜、日杂柜、玩具柜为零售柜组，从事商品零售业务。企业基本资料如下所示。

（一）企业基本资料

企业基本情况如表6-1所示。

表6-1　企业基本情况表

企业名称		南华市华荣贸易有限公司
地址		南华市江滨大道216号
联系电话		0771—38696933
法定代表人		刘明涛
注册资本		100万元
企业类型		有限责任公司
经营范围		食品、日杂、玩具批发及零售
经营职能机构		批发部、食品柜、日杂柜、玩具柜
开户银行		建行南华市宁安支行
银行账号（基本存款户）		450016048513668225
银行账号（贷款账户）		450016048513668225—1
纳税人识别号		4501223165608459
有关岗位人员	会计主管（兼复核）	胡珍珍
	会计（兼开票员）	李芬
	会计（兼结算员）	赵贞
	出纳员	张金华
	批发部经理	陈伟
	批发部采购业务员	刘大卫　张海
	批发部销售业务员	黄丽娜　陆萍
	批发部仓库保管员	陈海华
	食品柜经理	刘娟娟
	食品柜核算员	蓝涛
	日杂柜经理	张明
	日杂柜核算员	钟丽
	玩具柜经理	李博
	玩具柜核算员	梁伟涛

（二）企业商品流转的核算方法

1．批发部：采用数量进价金额核算法，发出存货的实际成本采用加权平均法（保留两位小数，四舍五入）。

2．零售柜组：采用售价金额核算法，已销商品进销差价的计算和结转采用“分类（柜组）差价率计算法”。

（三）主要会计政策

1．社会保险费及住房公积金标准（见表 6-2）

表 6-2　社会保险费及住房公积金标准

项　目	养老保险	失业保险	医疗保险	工伤保险	生育保险	住房公积金	备　注
单位缴纳	19%	2%	8%	0.5%	0.6%	12%	计提基数为上年平均月工资。2016 年平均月工资合为 78 600 元
个人缴纳	8%	1%	2%			12%	
合　计	27%	3%	10%	0.5%	0.6%	24%	

2．职工福利费、工会经费、职工教育经费标准（见表 6-3）

表 6-3　职工福利费、工会经费、职工教育经费标准

项　目	职工福利费	工会经费	职工教育经费	备　注
标　准	14%	2%	2.5%	计提基数为当年工资总额；按月计提，年终清算

3．应交相关税费标准（见表 6-4）

表 6-4　应交相关税费标准

项　目	标　准	说　明
增值税	17%	外购商品凭货物增值税专用发票和货物运输业增值税专用发票注明的增值税额准予抵扣
企业所得税	25%	按应纳税所得额计算；按月预缴，年终清算
个人所得税		按现行个人所得税法规规定的标准由单位代扣代缴
城市维护建设税	7%	本案计算基数为应交增值税额
教育费附加	3%	本案计算基数为应交增值税额
地方教育费附加	2%	本案计算基数为应交增值税额

4．利润分配标准

（1）按税后利润的 10% 提取法定盈余公积。

（2）按税后利润的 5% 提取任意盈余公积。

5．其他

（1）固定资产折旧计提标准：采用分类综合折旧率法。

（2）记账凭证不分种类，统一采用“记”字。如：“记字 3 号”。

（四）期初余额情况

2016 年 12 月 31 日账户期末余额情况如表 6-5 所示。

表 6-5　2016 年 12 月 31 日账户期末余额情况

金额单位：元

总账账户	明细账账户	期末数			
		总账		明细账	
		借方	贷方	借方	贷方
库存现金		120.00		120.00	
银行存款	基本户	133 920.00		133 920.00	
其他货币资金		55 000.00			
	银行汇票（广州市宏创电子）			55 000.00	
应收账款		36 000.00			
	武鸣华众食品贸易公司			36 000.00	
预付账款		345 000.00			
	田林县恒达食品有限公司			45 000.00	
	桂林市康乐食品有限公司			300 000.00	
其他应收款		3 000.00			
	张明			3 000.00	
在途物资		21 000.00			
	广州市宏创电子—嘉鸿遥控吉普车			21 000.00	
库存商品		1 749 150.00			
	批发部			1 060 550.00	
	食品柜			236 000.00	
	日杂柜			286 400.00	
	玩具柜			166 200.00	
商品进销差价			161 660.43		
	食品柜				50 591.43
	日杂柜				69 758.00
	玩具柜				41 311.00
固定资产		1 400 000.00		1 400 000.00	
累计折旧			89 560.00		89 560.00
短期借款			2 000 000.00		
	周转借款				2 000 000.00
应付账款			60 000.00		
	上海星辰日用品有限公司				60 000.00
预收账款			160 000.00		
	贵港市旺仔贸易有限公司				160 000.00
应付职工薪酬			31 032.00		
	社会保险费				22 392.00
	住房公积金				8 640.00
其他应付款			16 560.00		
	养老保险				5 760.00
	失业保险费				720.00
	医疗保险费				1 440.00
	住房公积金				8 640.00
应交税费			26 818.00		
	应交增值税				8 600.00
	应交城建税				602.00
	应交企业所得税				16 500.00
	应交个人所得税				686.00
	应交教育费附加				258.00
	应交地方教育费附加				172.00
实收资本			1 000 000.00		1 000 000.00
资本公积			60 000.00		60 000.00
盈余公积			50 000.00		50 000.00
利润分配			87 559.57		
	未分配利润				87 559.57
合　计		3 743 190.00	3 743 190.00	3 743 190.00	3 743 190.00

2016 年 12 月 31 日批发商品期末结存明细账如表 6-6 所示。

表 6-6　2016 年 12 月 31 日批发商品期末结存明细账表

金额单位：元

商品品名	型号规格	计量单位	数　量	单　价	金　额
八渡酸笋	150g × 10	件	1 000	36	36 000
香酥鱼仔	50g × 100	件	600	150	90 000
荔浦芋头条	50g × 100	件	1 000	186	186 000
湘辣豆角	50g × 100	件	1 200	130	156 000
彩虹自动长柄伞		把	6 000	12	72 000
彩虹皮手柄伞	80cm	把	5 000	13	65 000
彩虹地垫	460mm × 700mm	块	6 000	7.9	47 400
彩虹防滑垫	47cm × 46cm	块	13 000	5.65	73 450
彩虹暖手袋	23.5cm	只	900	21	18 900
彩虹净化包	100g × 10	件	500	179	89 500
迪美遥控越野车		辆	500	50	25 000
迪美遥控特技车		辆	1 200	58	69 600
迪美遥控翻斗车		辆	1 200	60	72 000
嘉鸿电动遥控车		辆	600	59.5	35 700
嘉鸿遥控吉普车		辆	600	40	24 000
合　计					1 060 550

2017 年一季度商品零售价格如表 6-7 所示。

表 6-7　2017 年一季度商品零售价格表

金额单位：元

序　号	商品名称	型号规格	计量单位	零售价格
1	八渡酸笋	150g × 10	件	56
2	香酥鱼仔	50g × 100	件	238
3	荔浦芋头条	50g × 100	件	260
4	湘辣豆角	50g × 100	件	198
5	彩虹自动长柄伞		把	19
6	彩虹皮手柄伞	80cm	把	26
7	彩虹地垫	460mm × 700mm	块	13
8	彩虹防滑垫	47cm × 46cm	块	9.8
9	彩虹暖手袋	23.5cm	个	29
10	彩虹净化包	100g × 10	件	269
11	迪美遥控越野车		辆	72
12	迪美遥控特技车		辆	89
13	迪美遥控翻斗车		辆	96
14	嘉鸿电动遥控车		辆	98
15	嘉鸿遥控吉普车		辆	56

二、操作要求

（一）工作任务

1. 根据表 6-5 总账账户余额开设总账。

2. 根据表 6-5 明细账余额开设现金日记账、银行存款日记账和其他货币资金、应收账款、预付账款、其他应收款、在途物资、商品进销差价、短期借款、应付账款、预收账款、应付职工薪酬、其他应付款、应交税费明细账及库存商品二级明细账。

3. 根据表 6-6 开设库存商品明细账。

4. 根据“四、2017 年 1 月份发生的经济业务”的原始凭证登记现金日记账、银行存款日记账，并结出余额。

5. 根据“四、2017 年 1 月份发生的经济业务”的原始凭证编制记账凭证。

6. 根据记账凭证编制记账凭证汇总表并据以登记总账，结出余额。

7. 根据记账凭证及其所附的原始凭证登记有关明细账分类账，并结出余额。

8. 总账及相关明细账、日记账进行核对相符。

9. 根据记账凭证补充登记现金日记账、银行存款日记账的记账凭证编号。

10. 根据总账、日记账及相关明细账编制资产负债表、利润表和现金流量表。

（二）实训需要材料（见表 6-8）

表 6-8　实训所需凭证、账簿情况

项　目	数　量	计量单位	备　注
总账账页	20 张		三栏式、双面开设账户
现金日记账	1 张		三栏式现金日记账
银行存款日记账	2 张		三栏式银行存款日记账
库存商品明细账	10 张		数量金额式、双面开设账户
应交增值税明细账	4 张		多栏式应交增值税明细账
三栏式明细账分类账账页	20 张		三栏式、双面开设账户
多栏式明细账账页	5 张		用于应付职工薪酬、期间费用
记账凭证	1 本		
记账凭证封面	2 张		
账壳	1 副		
装订线			

三、期末业务处理参考流程

1. 经济业务 47：计提折旧（见表 6-9，略）。

2. 经济业务 48：预提银行借款利息。

（1）根据记账凭证及其所附的原始凭证登记“短期借款”明细账，并结出余额。

（2）根据“短期借款”明细账相同余额计算填列表 6-10 的“起止日期”、借款“天数”和“借款余额”。

（3）计算填列“积数”、“应付利息”及其合计金额。计算公式如下：

积数（某一行）＝借款余额 × 天数

应付利息（某一行）＝积数 × 年利率 ÷360

（4）根据“应付利息”合计金额编制记账凭证。

3．经济业务 49：预提社会保险费及住房公积金

（1）根据表 6-2 的单位缴纳标准及计算基数计算填列表 6-11。

（2）根据计算结果编制记账凭证。

4. 经济业务 50：分配结转本月工资；预提职工福利费、工会经费、职工教育经费

① 根据表 6-3 的标准及本月“工资发放汇总表”中“应付工资”的金额计算填列表 6-12“工资分配及职工福利费、工会经费、职工教育经费计算表”。

② 根据计算结果编制记账凭证。

5．经济业务 51：计算和结转内部调拨的商品成本。

（1）计算各种商品的加权平均单价。

根据记账凭证及其所附的原始凭证登记“库存商品——批发部”的三级明细账，并结出结存的总数量和总金额，并据以计算各种商品的加权平均单价，计算公式如下：

某商品加权平均单价＝总金额 ÷ 数量

同时，根据各种商品的加权平均单价填列表 6-13 中各种商品的“调出单价”。

（2）统计内部调拨数量。

根据经济业务中的“商品内部调拨单”（见图 6-2、图 6-24 和图 6-41）统计填列表 6-13 中调拨给各个零售柜组的各种商品的“数量”。

（3）计算填列表 6-13 中的“调出”、“调入”和“商品进销差价”金额及小计、合计金额。计算公式如下：

调出“金额”（某一行）＝调出“单价”× 数量

调入“金额”（某一行）＝调入“单价”× 数量

商品进销差价（某一行）＝调入“金额”－调出“金额”

（4）根据计算结果编制记账凭证。

6．经济业务 52：计算和结转批发商品的销售成本。

（1）根据经济业务中的“批发商品销售出库单”统计填列表 6-14 中的各种商品的“数量”，如图 6-10（c）、图 6-18（b）、图 6-23（a）、图 6-23（b）、图 6-27（a）、图 6-34（d）、图 6-34（e）、图 6-42（b）所示。

（2）根据各种商品的加权平均单价填列表 6-14 中的各种商品的“单位成本”，并计算填列各种商品的“总成本”及其合计金额。计算公式如下：

总成本（某一行）＝单位成本 × 数量

（3）根据计算结果编制记账凭证。

7．经济业务 53：结转零售商品的销售成本。

根据记账凭证及其所附的原始凭证统计各个零售柜组的商品销售收入（含税售价）并编制表 6-15，据以编制结转商品销售成本（含税售价）的记账凭证。

8．经济业务 54：计算和结转零售商品销售收入的销项税额。

根据表 6-15 和增值税税率计算编制表 6-16，并据以编制记账凭证。

9．经济业务 55：计算和结转已销商品的进销差价。

（1）根据记账凭证及其所附原始凭证登记“库存商品”二级明细账和“商品进销差价”明细账，并结出余额。

（2）根据“库存商品”二级明细账和“商品进销差价”明细账填列编制表 6-17，计算公式如下：

应摊比例（某一行）＝商品进销差价“合计”÷（库存商品“上月结存”＋库存商品“本期增加”）

应摊金额（某一行）＝应摊比例 × 库存商品“本期销售”

（3）根据计算结果编制记账凭证。

10．经济业务 56：计算和结转营业税金及附加。

（1）根据记账凭证及其所附原始凭证登记“应交税费——应交增值税”明细账，并结出余额。

（2）根据“应交税费——应交增值税”明细账贷方余额（计算基数）和表 6-4 的标准计算编制表 6-18。

（3）根据计算结果编制记账凭证。

11．经济业务 57：结转损益类账户。

根据记账凭证汇总计算“损益类”各个账户的净额（借、贷相抵后的余额），编制表 6-19、表 6-20，并据以编制记账凭证。

12．经济业务 58：计算和结转所得税费用。

（1）根据表 6-19、表 6-20 计算利润总额（表 6-19 的总额减去表 6-20 的总额）。

（2）根据利润总额和有关纳税调整项目（本案无纳税调整项目）及规定税率计算填列表 6-21，并据以编制计提所得税费用和结转所得税费用的记账凭证。

13．经济业务 59：编制科目汇总表。

根据记账凭证运用“丁”字账汇总计算各科目的借、贷方发生额合计数（为了便于读者准确、快速汇总，节省汇总工作时间，本书备有运用 Excel 电子表格设计的科目汇总表，运用此方法汇总，一般只需 1 ~ 2 小时即可完成汇总工作，请读者登录华信教育资源网（www.hxedu.com.cn）下载使用，然后据以编制表 6-22，并据以登记总账，结出余额。

14．经济业务 60：编制期末余额试算平衡表。

根据总账账户期末余额编制表 6-23。

15．经济业务 61：编制会计报表。

根据期末余额试算平衡表、总账及其相关明细账编制资产负债表、利润表、现金流量表。

16．根据记账凭证及其所附原始凭证登记有关明细账（未登记部分），并结出余额，然后将总账与相关明细账、日记账进行核对，使之相符。

17．根据记账凭证及其所附原始凭证补充登记现金日记账、银行存款日记账的记账凭证编号。

18．月终结账。

四、2017 年 1 月份发生的经济业务如下。

经济业务 1：冲销上月估价入账（见图 6-1）

批 发 商 品 入 库 单

供货单位：上海星辰日用品有限公司

收货部门：批发部　　　　2017年1月1日　　　　金额单位：元

品名规格	计量单位	单价	应收数		实收数		盈亏数（+、-）	
			数量	金额	数量	金额	数量	金额
彩虹自动长柄伞	把	12			5 000	60 000.00		
合计						60 000.00		
备注	冲销上月估价入账							

第三联：财务记账

复核：胡珍珍　　会计：赵贞　　验收：陈海华　　制单：张海

图 6-1　批发商品入库单

经济业务 2：商品内部调拨单（见图 6-2）

商 品 内 部 调 拨 单

调入部门：食品柜

调出部门：批发部　　　　2017年1月1日　　　　金额单位：元

品名规格	计量单位	数量	进货成本		零售价		商品进销差价
			单价	金额	单价	金额	
八渡酸笋150g×10	件	300			56.00	16 800.00	
合计		300				16 800.00	

第三联：财务记账

会计：赵贞　　收货：蓝涛　　发货：陈海华　　制单：张海

（a）

商 品 内 部 调 拨 单

调入部门：日杂柜

调出部门：批发部　　　　2017年1月1日　　　　金额单位：元

品名规格	计量单位	数量	进货成本		零售价		商品进销差价
			单价	金额	单价	金额	
彩虹自动长柄伞	把	1 000			19.00	19 000	
彩虹皮手柄伞80cm	把	2 000			26.00	52 000	
彩虹地垫460mm×700mm	块	2 000			13.00	26 000	
彩虹防滑垫47cm×46cm	块	4 000			9.80	39 200	
合计						136 200	

第三联：财务记账

会计：赵贞　　收货：钟丽　　发货：陈海华　　制单：张海

（b）

图 6-2　商品内部调拨单

商品内部调拨单

调入部门：日杂柜

调出部门：批发部　　　　2017年1月1日　　　　金额单位：元

品名规格	计量单位	数量	进货成本		零售价		商品进销差价
			单价	金额	单价	金额	
彩虹净化包100g×10	件	400			269.00	107 600.00	
彩虹暖手袋23.5cm	只	800			29.00	23 200.00	
合计						130 800.00	

第三联：财务记账

会计：赵贞　　收货：钟丽　　发货：陈海华　　制单：张海

（c）

商品内部调拨单

调入部门：玩具柜

调出部门：批发部　　　　2017年1月1日　　　　金额单位：元

品名规格	计量单位	数量	进货成本		零售价		商品进销差价
			单价	金额	单价	金额	
迪美遥控越野车	辆	400			72.00	28 800.00	
迪美遥控特技车	辆	500			89.00	44 500.00	
迪美遥控翻斗车	辆	500			96.00	48 000.00	
合计						121 300.00	

第三联：财务记账

会计：赵贞　　收货：梁伟涛　　发货：陈海华　　制单：张海

（d）

商品内部调拨单

调入部门：玩具柜

调出部门：批发部　　　　2017年1月1日　　　　金额单位：元

品名规格	计量单位	数量	进货成本		零售价		商品进销差价
			单价	金额	单价	金额	
嘉鸿电动遥控车	辆	300			98.00	29 400.00	
嘉鸿遥控吉普车	辆	400			56.00	22 400.00	
合计						51 800.00	

第三联：财务记账

会计：赵贞　　收货：梁伟涛　　发货：陈海华　　制单：张海

（e）

图 6-2　商品内部调拨单（续）

经济业务 3：购进商品并验收入库（见图 6-3）

批发商品入库单

供货单位：田林县恒达食品有限公司

收货部门：批发部　　　　2017年1月2日　　　　金额单位：元

品名规格	计量单位	单价	应收数		实收数		盈亏数（+、—）	
			数量	金额	数量	金额	数量	金额
八渡酸笋150g×10	件	38.46	800	30 769.23	800	30 769.23		
合计				30 769.23		30 769.23		
备注								

第三联：财务记账

复核：胡珍珍　　会计：赵贞　　验收：陈海华　　制单：张海

（a）

零售商品验收单

供货单位：田林县恒达食品有限公司

收货部门：食品柜　　　　2017年1月2日　　　　金额单位：元

品名规格	计量单位	单位进价	应收数		实收数		盈亏数（+、—）		零售价		商品进销差价
			数量	金额	数量	金额	数量	金额	单价	金额	
八渡酸笋150g×10	件	38.46	200	7 692.31	200	7 692.31			56.00	11 200.00	3 507.69
合计				7 692.31		7 692.31				11 200.00	3 507.69

第三联：财务记账

复核：胡珍珍　　会计：赵贞　　验收：蓝涛　　制单：张海

（b）

南华市增值税专用发票

发票联

NO：6234327

4500042140　　　　开票日期：2017年1月2日

购货单位	名称：南华市华荣贸易有限公司 纳税人识别号：4501223165608459 地址、电话：南华市江滨大道216号 0771—38696933 开户行及账号：建行南华市宁安支行 450016048513668225			密码区	03**263>>0821927-8303 -5215895---669*>7873/ 37315/6*2-+505/32+78 +48-4*1850164907>>>/		加密版本：01 4300062620 03948082
货物或应税劳务名称	规格型号	单位	数量	单价	金额	税率	税额
八渡酸笋	150g×10	件	1 000	38.461 5	38 461.54	17%	6 538.46
合计					￥38 461.54		￥6 538.46
价税合计（大写）	人民币肆万伍仟元整					小写：￥45 000.00	
销货单位	名称：田林县恒达食品有限公司 纳税人识别号：4556889906385632 地址、电话：田林县红星路12号 0779—2544235 开户行及账号：农行田林红星支行 784455668941483536			备注	冲减预收款		

第二联：购货方记账凭证

收款人：　　复核：凌丽娜　　开票人：武晓丹　　销货单位：（章）

（c）

图 6-3　相关单据及发票

南华增值税专用发票

NO：6234327

抵扣联

4500042140 开票日期：2017年1月2日

购货单位	名　　称：南华市华荣贸易有限公司 纳税人识别号：450122316560845 9 地 址、电 话：南华市江滨大道216号 0771—38696933 开户行及账号：建行南华市宁安支行 45001604851366822 5			密码区	03**263>>0821927-8303 -5215895---669*>7873/ 37315/6*2-+505/32+78 +48-4*1850164907>>>/		加密版本：01 4300062620 03948082
货物或应税劳务名称	规格型号	单 位	数 量	单 价	金 额	税 率	税 额
八渡酸笋	150g×10	件	1 000	38.4615	38 461.54	17%	6 538.46
合　　计					¥38 461.54		¥6 538.46
价税合计（大写）	人民币肆万伍仟元整						小写：¥45 000.00
销货单位	名　　称：田林县恒达食品有限公司 纳税人识别号：4556889906385632 地 址、电 话：田林县红星路12号 0779—2544236 开户行及账号：农行田林红星支行 784455668941483536			备注	冲减预收款		

收款人：　　复核：凌丽娜　　开票人：武晓丹　　销货单位：（章）

第三联：购货方抵扣凭证

（d）

图 6-3　相关单据及发票（续）

经济业务 4：在途商品验收入库（见图 6-4）

批　发　商　品　入　库　单

供货单位：广州市宏创电子有限公司

收货部门：批发部　　2017年1月2日　　金额单位：元

品名规格	计量单位	单价	应收数		实收数		盈亏数（+、−）	
			数　量	金　额	数　量	金　额	数　量	金　额
嘉鸿遥控吉普车	辆	42	500	21 000.00	500	21 000.00		
合　　计				21 000.00		21 000.00		
备　　注	上月在途物资到货							

复核：胡珍珍　　会计：赵贞　　验收：陈海华　　制单：张海

第三联：财务记账

图 6-4　批发商品入库单

经济业务 5：购进商品并验收入库（见图 6-5）

零　售　商　品　验　收　单

供货单位：南华市达汇食品有限公司

收货部门：食品柜　　2017年1月3日　　金额单位：元

品名规格	计量单位	单位进价	应收数		实收数		盈亏数（+、−）		零售价		商品进销差价
			数量	金　额	数量	金　额	数　量	金　额	单　价	金　额	
桂圆肉250g×10	件	179.49	100	17 948.72	100	17 948.72			256	25 600.00	7 651.28
桂圆肉500g×10	件	350.43	100	35 042.74	100	35 042.74			496	49 600.00	14 557.26
合　　计				52 991.46		52 991.46				75 200.00	22 208.54

复核：胡珍珍　　会计：赵贞　　验收：蓝涛　　制单：张海

第三联：财务记账

（a）

图 6-5　相关单据及发票

南华市增值税专用发票

全国统一发票监制章 南华市 国家税务总局监制

发 票 联

NO：0245526

4500042140　　开票日期：2017年1月3日

购货单位	名　　称：南华市华荣贸易有限公司 纳税人识别号：4501223165608459 地 址、电 话：南华市江滨大道216号 0771—38696933 开户行及账号：建行南华市宁安支行 450016048513668225			密码区	03**263>>0821927-8303 -5215895---669*>7873/ 37315/6*2-+505/32+78 +48-4*1850164907>>>/		加密版本：01 4300062620 03948082
货物或应税劳务名称	规格型号	单 位	数 量	单 价	金 额	税 率	税 额
桂圆肉	250g×10	件	100	179.487 18	17 948.72	17%	3 051.28
桂圆肉	500g×10	件	100	350.427 35	35 042.74	17%	5 957.26
合　　计					¥ 52 991.46		¥9 008.54
价税合计（大写）	人民币陆万贰仟元整					小写：¥ 62 000.00	
销货单位	名　　称：南华市达汇食品有限公司 纳税人识别号：4501656906347223 地 址、电 话：南华市江南路12号 0771—4544688 开户行及账号：工商银行江南支行 5644556689412386			备注			

南华市达汇食品有限公司 4501656906347223 发票专用章

收款人：　　复核：黄海　　开票人：林玲　　销货单位：（章）

第二联：购货方记账凭证

（b）

南华市增值税专用发票

全国统一发票监制章 南华市 国家税务总局监制

抵 扣 联

NO：0245526

4500042140　　开票日期：2017年1月3日

购货单位	名　　称：南华市华荣贸易有限公司 纳税人识别号：4501223165608459 地 址、电 话：南华市江滨大道216号 0771—38696933 开户行及账号：建行南华市宁安支行 450016048513668225			密码区	03**263>>0821927-8303 -5215895---669*>7873/ 37315/6*2-+505/32+78 +48-4*1850164907>>>/		加密版本：01 4300062620 03948082
货物或应税劳务名称	规格型号	单 位	数 量	单 价	金 额	税 率	税 额
桂圆肉	250g×10	件	100	179.487 18	17 948.72	17%	3 051.28
桂圆肉	500g×10	件	100	350.427 35	35 042.74	17%	5 957.26
合　　计					¥ 52 991.46		¥9 008.54
价税合计（大写）	人民币陆万贰仟元整					小写：¥ 62 000.00	
销货单位	名　　称：南华达汇食品有限公司 纳税人识别号：4501656906347223 地 址、电 话：南华市江南路12号 0771—4544688 开户行及账号：工商银行江南支行 5644556689412386			备注			

南华市达汇食品有限公司 4501656906347223 发票专用章

收款人：　　复核：黄海　　开票人：林玲　　销货单位：（章）

第三联：购货方抵扣凭证

（c）

中国建设银行

转账支票存根

10504520

81611685

附加信息

出票日期 2017 年 1 月 3 日

收款人：	南华市达汇食品有限公司
金　额：	62000.00
用　途：	支付货款

单位主管　　会计

（d）

图 6-5　相关单据及发票（续）

中国建设银行 **进账单** （回单） 1

2017 年 1 月 3 日

出票人	全　称	南华市华荣贸易有限公司	收款人	全　称	南华市达汇食品有限公司
	账　号	450016048513668225		账　号	5641556683412386
	开户银行	建设银行南华宁安支行		开户银行	工行江南支行
金额	人民币（大写）	陆万贰仟元整	亿千百十万千百十元角分		¥62000000
票据种类	转账支票	票据张数			
票据号码	81611685				
	复核　记账				开户银行签章

开户行交持（出）票人的回单

中国建设银行股份有限公司 南华市宁安支行 2017.01.03 办讫章 (6)

（e）

图 6-5　相关单据及发票（续）

经济业务 6：购进商品并验收入库（见图 6-6）

上海增值税专用发票

全国统一发票监制章 上海市 国家税务总局监制

发票联

NO：2023569

3100031149　　　　开票日期：2017年1月3日

购货单位	名　　称：南华市华荣贸易有限公司 纳税人识别号：4501223165608459 地 址、电 话：南华市江滨大道216号 0771—38696933 开户行及账号：建行南华市宁安支行 450016048513668225			密码区	03**263>>0821927-8303 -5215895---669*>7873/ 37315/6*2-+505/32+78 +48-4*1850164907>>>/		加密版本：01 4300062620 03948082
货物或应税劳务名称	规格型号	单　位	数　量	单　价	金　额	税 率	税　额
彩虹自动长柄伞		把	5 000.00	11.965 8	59 829.06	17%	10 170.94
彩虹暖手袋	23.5cm	只	1 000.00	18.803 4	18 803.42	17%	3 196.58
彩虹净化包	100g×10	件	1 000.00	183.761	183 760.68	17%	31 239.32
合　　计					¥262 393.16		¥44 606.84
价税合计（大写）	人民币叁拾万柒仟元整						小写：¥307 000.00
销货单位	名　　称：上海星辰日用品有限公司 纳税人识别号：2056889907896123 地 址、电 话：上海市南京路56号 020—62544550 开户行及账号：工行上海市南京支行 201455668941889627			备注			

第二联：购货方记账凭证

上海星辰日用品有限公司 2056889907896123 发票专用章

收款人：　　复核：林立　　开票人：金雪惠　　销货单位：（章）

（a）

上海增值税专用发票

全国统一发票监制章 上海市 国家税务总局监制

抵扣联

NO：2023569

3100031149　　　　开票日期：2017年1月3日

购货单位	名　　称：南华市华荣贸易有限公司 纳税人识别号：4501223165608459 地 址、电 话：南华市江滨大道216号 0771—38696933 开户行及账号：建行南华市宁安支行 450016048513668225			密码区	03**263>>0821927-8303 -5215895---669*>7873/ 37315/6*2-+505/32+78 +48-4*1850164907>>>/		加密版本：01 4300062620 03948082
货物或应税劳务名称	规格型号	单　位	数　量	单　价	金　额	税 率	税　额
彩虹自动长柄伞		把	5 000.00	011.965 8	59 829.06	17%	10 170.94
彩虹暖手袋	23.5cm	只	1 000.00	018.803 4	18 803.42	17%	3 196.58
彩虹净化包	100g×10	件	1 000.00	183.761	183 760.68	17%	31 239.32
合　　计					¥ 262 393.16		¥ 44 606.84
价税合计（大写）	人民币叁拾万柒仟元整						小写：¥307 000.00
销货单位	名　　称：上海星辰日用品有限公司 纳税人识别号：2056889907896123 地 址、电 话：上海市南京路56号 020—62544550 开户行及账号：工行上海市南京支行 201455668941889627			备注			

第三联：购货方抵扣凭证

上海星辰日用品有限公司 2056889907896123 发票专用章

收款人：　　复核：林立　　开票人：金雪惠　　销货单位：（章）

（b）

图 6-6　相关单据及发票

批发商品入库单

供货单位：上海星辰日用品有限公司

收货部门：批发部　　2017年1月3日　　金额单位：元

品名规格	计量单位	单价	应收数		实收数		溢缺额（+、-）	
			数量	金额	数量	金额	数量	金额
彩虹自动长柄伞	把	11.966	5 000.00	59 829.06	5 000.00	59 829.06		
彩虹暖手袋23.5cm	只	18.803	1 000.00	18 803.42	1 000.00	18 803.42		
彩虹净化包100g×10	件	183.76	1 000.00	183 760.68	1 000.00	183 760.68		
合计				262 393.16		262 393.16		
备注								

第三联：财务记账

复核：胡珍珍　　会计：赵贞　　验收：陈海华　　制单：张海

（c）

银行承兑汇票（存根）　3

出票日期（大写）：贰零壹柒 年 零壹月 零叁日　　汇票号码：450122361　第　号

出票人全称	南华市华荣贸易有限公司	收款人 全称	上海星辰日用品有限公司
出票人账号	450016048513668225	收款人 账号	201455668941889627
付款行全称	建行南华宁安支行　行号	开户行	工行上海市南京支行
汇票金额	人民币（大写）叁拾万柒仟元整	千 百 十 万 千 百 十 元 角 分	¥ 3 0 7 0 0 0 0 0
汇票到期日	贰零壹柒年零肆月零贰日	备注：	承兑协议编号 2014-12-0369

此联出票人存查

（d）

图 6-6　相关单据及发票（续）

经济业务 7：提取现金（见图 6-7）

中国建设银行

现金支票存根

10504510

22572632

附加信息

出票日期 2017 年 1 月 3 日

收款人：	张金华
金　额：	3000.00
用　途：	备用金

单位主管　　会计

图 6-7　现金支票存根

经济业务 8：职工预借差旅费（见图 6-8）

借 款 单

2017 年 1 月 4 日

借款用途：预借差旅费	
借款金额（大写）贰仟元整	¥：2 000.00
借款人：李博	部门负责人：
会计审核：李芬	

现金付讫

总经理：刘明涛　　　　财务负责人：胡珍珍

图 6-8　借款单

经济业务 9：缴纳上月职工社会保险费（见图 6-9）

中国建设银行

转账支票存根

10504520

81611686

附加信息

出票日期　2017 年 1 月 5 日

收款人：	南华市社会保险事业局
金　额：	30312.00
用　途：	上交保险费

单位主管　　会计

（a）

中国建设银行　进账单（回单）　　1

2017 年 1 月 5 日

出票人	全　称	南华市华荣贸易有限公司	收款人	全　称	南华市社会保险事业局	
	账　号	450016048513668225		账　号	450016048513645834	
	开户银行	建行南华市宁安支行		开户银行	工行南华市江南支行	
金额	人民币（大写）	叁万零叁佰壹拾贰元整			亿千百十万千百十元角分	¥ 3 0 3 1 2 0 0
票据种类	转账支票	票据张数	1			
票据号码	81611686					
复核　　记账					开户银行签章	

中国建设银行股份有限公司 南华市宁安支行 2017.01.05 办讫章 (6)

开户行交持（出）票人的回单

（b）

图 6-9　相关单据

南华市社会保险基金专用收款收据

桂0（06）No：4760993

2017年1月5日

今收到 南华市华荣贸易有限公司		交来	社会保险基金
人民币（大写）叁万零叁佰壹拾贰元整 ¥30 312.00			此据
其中：养老保险20 160元 失业保险 2 160元 医疗保险 7 200元 工伤保险 360元 生育保险 432元			
备注：	收款方式	转账	
说明：本收款收据适用于社会保险机构征缴社会保险基金的款项，包括单位缴纳的养老保险、医疗保险、失业保险、工伤保险、生育保险等社会保险基金的款项。			

第二联：收据

收款单位（公章）： 财务主管（章）： 收款人（章）：林平

（c）

图 6-9 相关单据（续）

经济业务 10：销售商品、收到货款（见图 6-10）

南华市增值税专用发票

记 账 联

NO：0145253

4500042140 开票日期：2017年1月5日

货物或应税劳务名称	规格型号	单位	数量	单价	金额	税率	税额
购货单位：名称：玉林市兴华食品贸易公司；纳税人识别号：4405142200027814；地址、电话：玉林市康保路63号 0775—7215456；开户行及账号：建行玉林市东环支行 45005000265015671				密码区：03**263>>0821927-8303-5215895---669*>7873/37315/6*2-+505/32+78+48-4*1850164907>>>/		加密版本：01 4300062620 03948082	
湘辣豆角	250g×100	件	400	141.026	56 410.26	17%	9 589.74
合计					¥56 410.26		¥9 589.74
价税合计（大写）	人民币陆万陆仟元整					小写：¥66 000.00	
销货单位：名称：南华市华荣贸易有限公司；纳税人识别号：4501223165608459；地址、电话：南华市江滨大道216号 0771—38696933；开户行及账号：建行南华市宁安支行 450016048513668225				备注			

第四联：销货方记账凭证

收款人： 复核：胡珍珍 开票人：李芬 销货单位：（章）

（a）

图 6-10 相关单据及发票

中国建设银行 信汇凭证 （收账通知） 4

委托日期： 2017 年 1 月 5 日

<table>
<tr><td rowspan="3">汇款人</td><td>全称</td><td>玉林市兴华食品贸易公司</td><td rowspan="3">收款人</td><td>全称</td><td colspan="2">南华市华荣贸易有限公司</td><td rowspan="6">此联给收款人的收账通知</td></tr>
<tr><td>账号</td><td>450050000265015671</td><td>账号</td><td colspan="2">450016048513668225</td></tr>
<tr><td>汇出地点</td><td>南华 省 玉林 市/县</td><td>汇入地点</td><td colspan="2">南华 省 市/县</td></tr>
<tr><td colspan="2">汇出行名称</td><td>建行玉林东环支行</td><td colspan="2">汇入行名称</td><td colspan="2">建行南华市宁安支行</td></tr>
<tr><td>金额</td><td>人民币（大写）</td><td colspan="4">陆万陆仟元整</td><td>亿 千 百 十 万 千 百 十 元 角 分
¥ 6 6 0 0 0 0 0</td></tr>
<tr><td colspan="3">款项已收入收款人账户

汇入行签章</td><td colspan="4">支付密码
附加信息及用途：支付货款

复核 记账</td></tr>
</table>

（印章：中国建设银行股份有限公司 南华市宁安支行 2017.01.05 办讫章（6））

（b）

批发商品销售出库单

购货单位：玉林市兴华食品贸易公司 开单日期：2017年1月5日

品名规格	计量单位	计划数	实发数	单价	金额	单位成本	总成本
湘辣豆角50g×100	件	400	400	165.00	66 000.00		
合计					66 000.00		

第三联：财务记账

复核：胡珍珍 会计：赵贞 发货：陈海华 制单：黄丽娜

（印章：南华市华荣贸易有限公司 业务专用章；南华市华荣贸易有限公司 财务结算章 2017.01.05）

（c）

图 6-10 相关单据及发票（续）

经济业务 11：缴纳上月职工住房公积金（见图 6-11）

中国建设银行

转账支票存根

10504520

81611687

附加信息

出票日期 2017 年 1 月 7 日

收款人：	南华市住房公积金管理中心
金额：	17280.00
用途：	上交住房公积金

单位主管 会计

（a）

图 6-11 相关单据

中国建设银行 进账单（回单） 1

2017 年 1 月 7 日

出票人	全　称	南华市华荣贸易有限公司	收款人	全　称	南华市住房公积金管理中心
	账　号	450016048513668225		账　号	450016048513136539
	开户银行	建行南华市宁安支行		开户银行	建行南华市江南支行
金额	人民币（大写）	壹万柒仟贰佰捌拾元整		亿千百十万千百十元角分	¥ 1 7 2 8 0 0 0
票据种类	转账支票	票据张数	1		
票据号码	81611687				
	复核　记账			开户银行签章	

开户行交持（出）票人的回单

中国建设银行股份有限公司 南华市宁安支行 2017.01.07 办讫章 (6)

（b）

住 房 公 积 金 汇（补） 缴 书

2017年1月7日　　操作月度:2017年1月　　附清册　张

单位名称			南华市华荣贸易有限公司				汇缴:			2016年12月份				
单位编码			10687											
缴存金额(大写)			壹万柒仟贰佰捌拾元整							亿千百十万千百十元角分			¥ 1 7 2 8 0 0 0	
上月汇缴				本月增加汇缴			本月减少汇缴				本月汇缴			
人数	金额 个人	单位	合计	人数	金额 个人	单位	合计	人数	金额 个人	单位	合计	人数	金额 个人	单位	合计
29	8 640.00	8 640.00	17 280.00								29	8 640	8 640	17 280
付款行		付款账号		支票号码										
建行南华市宁安支行		450016048513668225					住房资产管理中心盖章							

南华市住房公积金管理中心 收费专用章

（c）

图 6-11　相关单据（续）

经济业务 12：收到前欠货款（见图 6-12）

中国工商银行 信汇凭证（收账通知） 4

委托日期： 2017 年 1 月 7 日

汇款人	全　称	武鸣华众食品贸易公司	收款人	全　称	南华市华荣贸易有限公司
	账　号	54213547886545825643		账　号	450016048513668225
	汇出地点	南华 省 武鸣 市/县		汇入地点	南华 省 市/县
汇出行名称		工行武鸣营业部	汇入行名称		建行南华市宁安支行
金额	人民币（大写）	叁万陆仟元整		亿千百十万千百十元角分	¥ 3 6 0 0 0 0 0
款项已收入收款人账户			支付密码		
			附加信息及用途：		支付上月购货款
		汇入行签章		复核	记账

此联给收款人的收账通知

中国建设银行股份有限公司 南华市宁安支行 2017.01.07 办讫章 (6)

图 6-12　电汇凭证

经济业务 13：发放职工工资（见图 6-13）。注：水电费冲减管理费用。

工资发放汇总表

编制日期：2017年1月7日　　　　　　　　　　　　　　　　金额单位：元

部门	应付工资	代扣款项							实发工资
		养老保险	失业保险	医疗保险	住房公积金	水电	个人所得税	小计	
公司本部	11 550.00	916.00	114.50	229.00	1 374.00	320.00	240.00	3 193.50	8 356.50
办公室	6 360.00	496.00	62.00	124.00	744.00	210.00	120.00	1 756.00	4 604.00
财务部	8 410.00	664.00	83.00	166.00	996.00	190.00	80.00	2 179.00	6 231.00
批发部	12 700.00	1 000.00	125.00	250.00	1 500.00	150.00	86.00	3 111.00	9 589.00
食品柜	11 570.00	916.00	114.50	229.00	1 374.00	160.00	92.00	2 885.50	8 684.50
日杂柜	12 100.00	960.00	120.00	240.00	1 440.00	136.00	26.00	2 922.00	9 178.00
玩具柜	10 580.00	840.00	105.00	210.00	1 260.00	212.00	33.00	2 660.00	7 920.00
总务部	6 230.00	496.00	62.00	124.00	744.00	185.00	48.00	1 659.00	4 571.00
合计	79 500.00	6 288.00	786.00	1 572.00	9 432.00	1 563.00	725.00	20 366.00	59 134.00

（a）

中国建设银行
转账支票存根
10504520
81611688
附加信息

出票日期　2017 年 1 月 7 日

收款人：	南华市华荣贸易有限公司
金　额：	59134.00
用　途：	发放工资

单位主管　　会计

（b）

中国建设银行　进账单（回单）　1

2017 年 1 月 7 日

出票人		收款人	
全　称	南华市华荣贸易有限公司	全　称	南华市华荣贸易有限公司
账　号	450016048513668225	账　号	
开户银行	建行南华市宁安支行	开户银行	建行南华市宁安支行

金额	人民币（大写）	伍万玖仟壹佰叁拾肆元整	亿	千	百	十	万	千	百	十	元	角	分
						¥	5	9	1	3	4	0	0

票据种类	转账支票	票据张数	1
票据号码	81611688		

中国建设银行股份有限公司
南华市宁安支行
2017.01.07
办讫章
（6）

复核　　记账　　　　开户银行签章

开户行交持（出）票人的回单

（c）

图 6-13　相关表格及单据

经济业务 14：缴纳上月税费（见图 6-14）

中国建设银行电子缴税付款凭证

转账日期：2017年01月07日　　凭证号：2017010760045617

付款人全称：南华市华荣贸易有限公司	纳税人识别号：4501223165608459
付款人账号：450016048543068225	征收机关名称：南华市国家税务局江南分局
付款人开户银行：建行南华市宁安支行	收款国库（银行）名称：国家金库南华市江南支库
小写（合计）金额：¥8 600.00	缴款书交易流水号：5632569751
大写（合计）金额：捌仟陆佰元整	税票号码：5632569751

税费名称	所属时期	实缴金额
增值税	20161201—20161231	¥8 600.00

第1次打印　　打印日期：2017年01月07日

第二联：作付款回单（无银行收讫章无效）　　复核：　　记账：孙和平

（a）

中国建设银行电子缴税付款凭证

转账日期：2017年01月07日　　凭证号：2017010760045618

付款人全称：南华市华荣贸易有限公司	纳税人识别号：4501223165608459
付款人账号：450016048543068225	征收机关名称：南华市国家税务局江南分局
付款人开户银行：建行南华市宁安支行	收款国库（银行）名称：国家金库南华市江南支库
小写（合计）金额：¥16 500.00	缴款书交易流水号：5632569752
大写（合计）金额：壹万陆仟伍佰元整	税票号码：5632569752

税费名称	所属时期	实缴金额
企业所得税	20161001—20161231	¥16 500.00

第1次打印　　打印日期：2017年01月07日

第二联：作付款回单（无银行收讫章无效）　　复核：　　记账：孙和平

（b）

中国建设银行电子缴税付款凭证

转账日期：2017年01月07日　　凭证号：2017010730045223

付款人全称：南华市华荣贸易有限公司	纳税人识别号：4501223165608459
付款人账号：450016048543068225	征收机关名称：南华市地方税务局江南分局
付款人开户银行：建行南华市宁安支行	收款国库（银行）名称：国家金库南华市江南支库
小写（合计）金额：¥686.00	缴款书交易流水号：3232569628
大写（合计）金额：陆佰捌拾陆元整	税票号码：3232569628

税费名称	所属时期	实缴金额
个人所得税——工资薪金所得	20161201—20161231	¥686.00

第1次打印　　打印日期：2017年01月07日

第二联：作付款回单（无银行收讫章无效）　　复核：　　记账：靖晓云

（c）

图 6-14　电子缴税付款凭证

中国建设银行电子缴税付款凭证

转账日期：2017年01月07日　　凭证号：2017010730045224

付款人全称：南华市华荣贸易有限公司	纳税人识别号：4501223165608459
付款人账号：450016048543668225	征收机关名称：南华市地方税务局江南分局
付款人开户银行：建行南华市宁安支行	收款国库（银行）名称：国家金库南华市江南支库
小写（合计）金额：¥1 032.00	缴款书交易流水号：3232569629
大写（合计）金额：壹仟零叁拾贰元整	税票号码：3232569629

税费名称	所属时期	实缴金额
城建税——城市市区	20161201—20161231	¥602.00
教育费附加（增值税）	20161201—20161231	¥258.00
地方教育费附加（增值税）	20161201—20161231	¥172.00

第1次打印　　打印日期：2017 年01月07日

第二联：作付款回单（无银行收讫章无效）　复核：　记账：靖晓云

（d）

图 6-14　电子缴税付款凭证（续）

经济业务 15：借入短期借款（见图 6-15）

质押　　中国建设银行　借款凭证(回单)　③

单位编号：　　日期：　2017年1月7日　　银行编号：4569831

收款单位	名称	南华市华荣贸易有限公司	借款单位 名称	南华市华荣贸易有限公司
	往来户账号	450016048513668225	放款户账号	450016048513668225－1
	开户银行	建设银行南华宁安支行	开户银行	建设银行南华宁安支行
贷款种类	短期借款	利率 6%	起息日期 2017.01.07	还款日期 2017.04.06
申请借款金额	货币及金额（大写）人民币贰拾万元整			千百十万千百十元角分：¥2 0 0 0 0 0 0 0
实际核定贷款金额	货币及金额（大写）人民币贰拾万元整			千百十万千百十元角分：¥2 0 0 0 0 0 0 0
备注：		期限	计划还款日期	计划还款金额

上述借款业务已同意贷给并转入你单位往来户账户，借款到期时按期归还　　此致

借款单位

（银行盖章）　年　月　日

此联系核定放款款回单代借款单位收款通知

图 6-15　借款凭证

经济业务 16：购进商品并验收入库（见图 6-16）

批　发　商　品　入　库　单

供货单位：常德市芳香食品有限公司

收货部门：批发部　　2017年1月7日　　金额单位：元

品名规格	计量单位	单价	应收数 数量	应收数 金额	实收数 数量	实收数 金额	盈亏数（＋、－） 数量	盈亏数（＋、－） 金额
香酥鱼仔50g×100	件	149.57	400	59 829.06	400	59 829.06		
合　计				59 829.06		59 829.06		
备　注								

第三联：财务记账

复核：胡珍珍　　会计：赵贞　　验收：陈海华　　制单：张海

（a）

图 6-16　相关单据及发票

湖南省增值税专用发票

湖南省

发 票 联

NO：2033564

4300083140

开票日期：2017年1月5日

购货单位	名 称：南华市华荣贸易有限公司 纳税人识别号：4501223165608459 地 址、电 话：南华市江滨大道216号 0771—38696933 开户行及账号：建行南华市宁安支行 450016048513668225				密码区	03**263>>0821927-8303 -5215895---669*>7873/ 37315/6*2-+505/32+78 +48-4*1850164907>>>/	加密版本：01 4300062620 03948082
货物或应税劳务名称	规格型号	单 位	数 量	单 价	金 额	税 率	税 额
香酥鱼仔	50g×100	件	400	149.572 6	59 829.06	17%	10 170.94
合 计					¥ 59 829.06		¥ 10 170.94
价税合计（大写）	人民币柒万元整					小写：¥ 70 000.00	
销货单位	名 称：常德市芳香食品有限公司 纳税人识别号：3067749906383821 地 址、电 话：常德市临江路68号 0235—3644279 开户行及账号：工行常德市临江支行 236455668941423349				备注		

第二联：购货方记账凭证

收款人： 复核：黄海 开票人：林玲 销货单位：（章）

（b）

湖南省增值税专用发票

湖南省

抵 扣 联

NO：2033564

4300083140

开票日期：2017年1月5日

购货单位	名 称：南华市华荣贸易有限公司 纳税人识别号：4501223165608459 地 址、电 话：南华市江滨大道216号 0771—38696933 开户行及账号：建行南华市宁安支行 450016048513668225				密码区	03**263>>0821927-8303 -5215895---669*>7873/ 37315/6*2-+505/32+78 +48-4*1850164907>>>/	加密版本：01 4300062620 03948082
货物或应税劳务名称	规格型号	单 位	数 量	单 价	金 额	税 率	税 额
香酥鱼仔	50g×100	件	400	149.573	59 829.06	17%	10 170.94
合 计					¥ 59 829.06		¥ 10 170.94
价税合计（大写）	人民币柒万元整					小写：¥ 70 000.00	
销货单位	名 称：常德市芳香食品有限公司 纳税人识别号：3067749906383821 地 址、电 话：常德市临江路68号 0235—3644279 开户行及账号：工行常德市临江支行 236455668941423349				备注		

第三联：购货方抵扣凭证

收款人： 复核：黄海 开票人：林玲 销货单位：（章）

（c）

图 6-16 相关单据及发票（续）

货物运输业增值税专用发票

全国统一发票监制章 湖南省 国家税务总局监制

NO： 32085263

4300082730

抵扣联

开票日期：2017年1月5日

承运人及 纳税人识别号	常德市速达物流有限公司 3201223135607452	密码区	22*5897+71>+60-97*21+7*+31＞0931-946 *98161*4518/4/30429784＞63545+95＞-//+ 0606*＞8＜＞0215/5＜/*0791657-321-36＜+0- *4＞*/33-2*//56677201＞0＞2824＞-4*47*5＜		
实际受票方及 纳税人识别号	南华市华荣贸易有限公司 4501223165608459				
收货人及 纳税人识别号	南华市华荣贸易有限公司 4501223165608459		发货人及 纳税人识别号	常德市芳香食品有限公司 3067749906383821	
起运地、经由、到达地	长沙、桂林、南华				
项目及金额	费用项目 金 额 费用项目 金 额 配送费用 2 400.00	货物信息	食品		
合计金额	¥2 162.16	税率 11%	税额 ¥237.84	机器编号	320166689236
价税合计（大写）	贰仟肆佰元整			（小写）	¥2 400.00
车种车号		车船吨位			
主管税务机关 及代码		备注			

收款人： 复核人： 开票人：廖帆 承运人：（章）

第二联：受票方扣税凭证

常德市速达物流有限公司 3201223135607452 发票专用章

（d）

货物运输业增值税专用发票

全国统一发票监制章 湖南省 国家税务总局监制

NO： 32085263

4300082730

发票联

开票日期：2017年1月5日

承运人及 纳税人识别号	常德市速达物流有限公司 3201223135607452	密码区	22*5897+71>+60-97*21+7*+31＞0931-946 *98161*4518/4/30429784＞63545+95＞-//+ 0606*＞8＜＞0215/5＜/*0791657-321-36＜+0- *4＞*/33-2*//56677201＞0＞2824＞-4*47*5＜		
实际受票方及 纳税人识别号	南华市华荣贸易有限公司 4501223165608459				
收货人及 纳税人识别号	南华市华荣贸易有限公司 4501223165608459		发货人及 纳税人识别号	常德市芳香食品有限公司 3067749906383821	
起运地、经由、到达地	长沙、桂林、南华				
项目及金额	费用项目 金 额 费用项目 金 额 配送费用 2 400.00	货物信息	食品		
合计金额	¥2 162.16	税率 11%	税额 ¥237.84	机器编号	320166689236
价税合计（大写）	贰仟肆佰元整			（小写）	¥2 400.00
车种车号		车船吨位			
主管税务机关 及代码		备注			

收款人： 复核人： 开票人：廖帆 承运人：（章）

第三联：受票方记账凭证

常德市速达物流有限公司 3201223135607452 发票专用章

（e）

图6-16 相关单据及发票（续）

托收凭证（付款通知）　5

委托日期 2017 年 1 月 5 日　　付款日期 2017年1月8日

业务类型	委托收款（☐邮划 ☐电划）		托收承付（☐邮划 ☑电划）		
付款人	全　　称	南华市华荣贸易有限公司	收款人	全　　称	湖南常德市芳香食品有限公司
	账　　号	450016048513668225		账　　号	236455668941423349
	开户银行	建行南华宁安支行		开户银行	工行临江支行
托收金额	人民币（大写）	柒万贰仟肆佰元整		千百十万千百十元角分	¥ 7 2 4 0 0 0 0
款项内容	香酥鱼仔货款	托收凭据名称		附寄单证张数	4
商品发运情况	代运		合同名称号码		2017-0138
备注： 收款人开户银行收到日期 2017 年 1 月 6 日 复核　　记账		付款单位开户行盖章 年　月　日		付款人注意： 1. 根据支付结算办法，上列委托收款（托收承付）款项在付款期限内未提出拒付，即视为同意付款，以此代付款通知。 2. 如需全部或部分拒付，应在规定期限内将拒付理由书并附债务证明退交开户行。	

中国建设银行股份有限公司 南华市宁安支行 2017.01.06 办讫章（6）

付款人开户行通知付款人的承付通知

（f）

图 6-16　相关单据及发票（续）

经济业务 17：购进商品并验收入库（见图 6-17）

批发商品入库单

南华市华荣贸易有限公司 业务专用章

供货单位：上海星辰日用品有限公司

收货部门：批发部　　2017年1月9日　　金额单位：元

品名规格	计量单位	单价	应收数 数量	应收数 金额	实收数 数量	实收数 金额	盈亏数（+、-） 数量	盈亏数（+、-） 金额
彩虹自动长柄伞	把	11.97	2 000	23 931.62	2 002.00	23 955.56	2	23.94
彩虹暖手袋23.5cm	只	19.66	1 000	19 658.12	997.00	19 599.15	-3	-58.97
合　　计				43 589.74		43 554.71		-35.03
备　　注								

南华市华荣贸易有限公司 财务结算章 2017.01.09

复核：胡珍珍　　会计：赵贞　　验收：陈海华　　制单：张海

第三联：财务记账

（a）

上海增值税专用发票

全国统一发票监制章 上海市 国家税务总局监制

发票联

NO：2023587

3100031149　　开票日期：2017年1月9日

购货单位	名　　称：南华市华荣贸易有限公司 纳税人识别号：4501223165608459 地 址、电 话：南华市江滨大道216号 0771—38696933 开户行及账号：建行南华市宁安支行 450016048513668225			密码区	03**263>>0821927-8303 -5215895---669*>7873/ 37315/6*2-+505/32+78 +48-4*1850164907>>>/		加密版本：01 4300062620 03948082
货物或应税劳务名称	规格型号	单位	数量	单价	金额	税率	税额
彩虹自动长柄伞		把	2 000	11.965 8	23 931.62	17%	4 068.38
彩虹暖手袋	23.5cm	只	1 000	19.658 1	19 658.12	17%	3 341.88
合　　计					¥ 43 589.74		¥7 410.26
价税合计（大写）	人民币伍万壹仟元整					小写：¥ 51 000.00	
销货单位	名　　称：上海星辰日用品有限公司 纳税人识别号：2056889907896123 地 址、电 话：上海市南京路56号 020—62544550 开户行及账号：工行上海市南京支行 201455668941889627			备注			

上海星辰日用品有限公司 2056889907896123 发票专用章

收款人：　　复核：林立　　开票人：金雪惠　　销货单位：（章）

第二联：购货方记账凭证

（b）

图 6-17　相关单据及发票

上海市增值税专用发票

全国统一发票监制章 上海市 国家税务总局监制

抵扣联

NO：2023587

3100031149

开票日期：2017年1月9日

购货单位	名称：南华市华荣贸易有限公司 纳税人识别号：450122316560845 9 地址、电话：南华市江滨大道216号 0771—38696933 开户行及账号：建行南华市宁安支行 450016048513668225			密码区	03**263>>0821927-8303 -5215895---669*>7873/ 37315/6*2-+505/32+78 +48-4*1850164907>>>/		加密版本：01 4300062620 03948082
货物或应税劳务名称	规格型号	单位	数量	单价	金额	税率	税额
彩虹自动长柄伞		把	2 000	11.965 8	23 931.62	17%	4 068.38
彩虹暖手袋	23.5cm	只	1 000	19.658 1	19 658.12	17%	3 341.88
合计					¥43 589.74		¥7 410.26
价税合计（大写）	人民币伍万壹仟元整						小写：¥51 000.00
销货单位	名称：上海星辰日用品有限公司 纳税人识别号：2056889907896123 地址、电话：上海市南京路56号 020—62544350 开户行及账号：工行上海市南京支行 2014556689418896 27			备注	上海星辰日用品有限公司 2056889907896123 发票专用章		

收款人：　　复核：林立　　开票人：金雪惠　　销货单位：（章）

第三联：购货方抵扣凭证

（c）

商业承兑汇票（存根） 3

出票日期（大写） 贰零壹柒年零壹月零捌日　　汇票号码

付款人	全称	南华市华荣贸易有限公司	收款人	全称	上海星辰日用品有限公司
	账号	450016048513668225		账号	2014556689418896 27
	开户银行	建行南华市宁安支行		开户银行	工行上海市南京支行
出票金额	人民币（大写）	伍万壹仟元整		千百十万千百十元角分	¥5100000
汇票到期日（大写）		贰零壹柒年零肆月零柒日	付款人开户行	行号	
承兑协议编号		2017-0146		地址	
备注：					

中国建设银行股份有限公司 南华市宁安支行 2017.01.08 办讫章 (6)

此联出票人存查

（d）

图 6-17　相关单据及发票（续）

经济业务 18. 销售商品、收到货款（见图 6-18）

南华市增值税专用发票

全国统一发票监制章 南华市 国家税务总局监制

记 账 联

NO: 0145254

4500042140　　　　　　开票日期：2017年1月10日

购货单位	名　　称：南华市粤桂贸易有限公司 纳税人识别号：4501659552123652 地 址、电 话：南华市大学北路237号 0771—32555886 开户行及账号：建行南华市大学支行 450012514896587462			密码区	03**263>>0821927-8303 -5215895---669*>7873/ 37315/6*2-+505/32+78 +48-4*1850164907>>>/		加密版本：01 4300062620 03948082
货物或应税劳务名称	规格型号	单位	数量	单价	金额	税率	税额
香酥鱼仔	50g×100	件	300	169.231	50 769.23	17%	8 630.77
荔浦芋头条	50g×100	件	200	200.855	40 170.94	17%	6 829.06
合　计					¥ 90 940.17		¥ 15 459.83
价税合计（大写）	人民币壹拾万陆仟肆佰元整						小写：¥ 106 400.00
销货单位	名　　称：南华市华荣贸易有限公司 纳税人识别号：4501223165608459 地 址、电 话：南华市江滨大道216号 0771—38696938 开户行及账号：建行南华市宁安支行 450016048513668225			备注	南华市华荣贸易有限公司 4501223165608459 发票专用章		

收款人：　　复核：胡珍珍　　开票人：李芬　　销货单位：（章）

第四联：销货方记账凭证

（a）

批发商品销售出库单

南华市华荣贸易有限公司 业务专用章

购货单位：南华市粤桂贸易有限公司　　　　开单日期：2017年1月10日

品名规格	计量单位	计划数	实发数	单价	金额	单位成本	总成本
香酥鱼仔50g×100	件	300	300	198.00	59 400.00		
荔浦芋头条50g×100	件	200	200	235.00	47 000.00		
合　计					106 400.00		

南华市华荣贸易有限公司 财务结算章 2017.01.10

复核：胡珍珍　　会计：赵贞　　发货：陈海华　　制单：黄丽娜

第三联：财务记账

（b）

中国建设银行　进账单（收账通知）　3

2017 年 1 月 10 日

出票人	全　称	南华市粤桂贸易有限公司	收款人	全　称	南华市华荣贸易有限公司
	账　号	450012514896587462		账　号	450016048513668225
	开户银行	建行南华市大学支行		开户银行	建行南华市宁安支行
金额	人民币（大写）	壹拾万陆仟肆佰元整		亿千百十万千百十元角分	¥10640000
票据种类	转账支票	票据张数			
票据号码	61611623				
复核　记账				收款人开户银行签章	

中国建设银行股份有限公司 南华市宁安支行 2017.01.10 办讫章（6）

开户行交给收款人的收账通知

（c）

图 6-18　相关单据及发票

经济业务 19：零售商品收入（见图 6-19）

内　部　缴　款　单

交款部门：食品柜　　　　交款日期：2017年1月10日

款项内容	十	万	千	百	十	元	角	分	
	金额								
零售货款	1	6	0	0	0	0	0	0	
合计（大写）	壹拾陆万元整								¥：160 000.00

第二联：财务记账

现金收讫

南华市华荣贸易有限公司 财务结算章 2017.01.10

收款人：张金华　　复核：胡珍珍　　交款人：蓝涛

（a）

内　部　缴　款　单

交款部门：日杂柜　　　　交款日期：2017年1月10日

款项内容	十	万	千	百	十	元	角	分	备注
	金额								
零售货款	1	8	0	0	0	0	0	0	
合计（大写）	壹拾捌万元整								¥：180 000.00

第二联：财务记账

现金收讫

南华市华荣贸易有限公司 财务结算章 2017.01.10

收款人：张金华　　复核：胡珍珍　　交款人：蓝涛

（b）

内　部　缴　款　单

交款部门：玩具柜　　　　交款日期：2017年1月10日

款项内容	十	万	千	百	十	元	角	分	
	金额								
零售货款	¥	8	0	0	0	0	0	0	
合计（大写）	捌万元整								¥：80 000.00

第二联：财务记账

现金收讫

南华市华荣贸易有限公司 财务结算章 2017.01.10

收款人：张金华　　复核：胡珍珍　　交款人：梁伟涛

（c）

图 6-19　相关单据

中国建设银行（　　）现金解款单（回单）　①

2017年1月10日

收款单位	全　称	南华市华荣贸易有限公司	款项来源	零售货款
	账　号	450016048513668225	解款部门	财务部
人民币　（大写）　肆拾贰万元整				百 十 万 千 百 十 元 角 分 ¥ 4 2 0 0 0 0 0 0

票　面	张　数	种类	千	百	十	元	角	分	
壹佰元	3 960	二元			3	6	0	0	
五十元	300	一元			1	4	0	0	
二十元	200	角票							
十元	80	分币							
五元	30	封包							收款银行盖章

中国建设银行股份有限公司 南华市江南支行 2017.01.10 办讫章 (5)

（d）

图 6-19　相关单据（续）

经济业务 20：购进商品并验收入库（见图 6-20）

南华市增值税专用发票

全国统一发票监制章 南华市 国家税务总局监制

发　票　联

NO：6234336

4500042140　　开票日期：2017年1月12日

购货单位	名　　称：南华市华荣贸易有限公司 纳税人识别号：4501223165608459 地 址、电 话：南华市江滨大道216号 0771—38696933 开户行及账号：建行南华市宁安支行 450016048513668225			密码区	03**263>>0821927-8303 -5215895---669*>7873/ 37315/6*2-+505/32+78 +48-4*1850164907>>>/		加密版本：01 4300062620 03948082
货物或应税劳务名称	规格型号	单　位	数　量	单　价	金　额	税 率	税　额
八渡酸笋	150g×10	件	500	39.316 2	19 658.12	17%	3 341.88
合　　计					¥19 658.12		¥3 341.88
价税合计（大写）	人民币贰万叁仟元整						小写：¥23 000.00
销货单位	名　　称：田林县恒达食品有限公司 纳税人识别号：4556889906385632 地 址、电 话：田林县红星路12号 0779—2544236 开户行及账号：农行田林红星支行 784455668941483536			备注			

田林县恒达食品有限公司 4556889906385632 发票专用章

第二联：购货方记账凭证

收款人：　　复核：凌丽娜　　开票人：武晓丹　　销货单位：（章）

（a）

南华市增值税专用发票

全国统一发票监制章 南华市 国家税务总局监制

抵　扣　联

NO：6234336

4500042140　　开票日期：2017年1月12日

购货单位	名　　称：南华市华荣贸易有限公司 纳税人识别号：4501223165608459 地 址、电 话：南华市江滨大道216号 0771-38696933 开户行及账号：建行南华市宁安支行 450016048513668225			密码区	03**263>>0821927-8303 -5215895---669*>7873/ 37315/6*2-+505/32+78 +48-4*1850164907>>>/		加密版本：01 4300062620 03948082
货物或应税劳务名称	规格型号	单位	数量	单价	金额	税率	税额
八渡酸笋	150g×10	件	500	39.316 2	19 658.12	17%	3 341.88
合　　计					¥19 658.12		¥3 341.88
价税合计（大写）	人民币贰万叁仟元整						小写：¥23 000.00
销货单位	名　　称：田林恒达食品有限公司 纳税人识别号：4556889906385632 地 址、电 话：田林县红星路12号 0779—2544236 开户行及账号：农行田林红星支行 784455668941483536			备注			

田林县恒达食品有限公司 4556889906385632 发票专用章

第三联：购货方抵扣凭证

收款人：　　复核：凌丽娜　　开票人：武晓丹　　销货单位：（章）

（b）

图 6-20　相关单据及发票

中国建设银行 电汇凭证 （回单） 1 XV04611239

□普通 □加急 委托日期 2017年1月12日

汇款人	全称	南华市华荣贸易有限公司	收款人	全称	田林县恒达食品有限公司
	账号	450016648513668225		账号	784455668941483536
	汇出地点	南华市		汇入地点	田林县
汇出行名称		建行南华市宁安支行	汇入行名称		农行田林县红星支行
金额	人民币（大写）	贰万叁仟元整	亿千百十万千百十元角分		¥2300000
			支付密码		
			附加信息及用途：		购八渡酸笋
汇出行签章			复核		记账 兰昔朋

此联汇出行给汇款人的回单

中国建设银行股份有限公司 南华市宁安支行 2017.01.12 办讫章 （6）

（c）

批 发 商 品 入 库 单

供货单位：田林恒达食品有限公司

收货部门：批发部　　2017年1月12日　　金额单位：元

品名规格	计量单位	单价	应收数		实收数		盈亏数（+、-）	
			数量	金额	数量	金额	数量	金额
八渡酸笋150g×10	件	39.32	500	19 658.12	600	23 589.74	+100	+3 931.62
合计				19 658.12		23 589.74		+3 931.62
备注	溢余100件							

第三联：财务记账

南华市华荣贸易有限公司 业务专用章

南华市华荣贸易有限公司 财务结算章 2017.01.12

复核：胡珍珍　　会计：赵贞　　验收：陈海华　　制单：张海

（d）

商 品 溢 余（短 缺）报 告 单

供货单位：田林县恒达食品有限公司

收货部门：批发柜　　2017年1月12日　　金额单位：元

品名规格	计量单位	单价	应收数		实收数		盈亏数（+、-）	
			数量	金额	数量	金额	数量	金额
八渡酸笋150g×10	件	39.32	500	19 658.12	600	23 589.74	+100	+3 931.62
合计				19 658.12		23 589.74		+3 931.62
溢缺原因	对方多发							
处理意见	经协商同意补作购进							

第三联：财务记账

南华市华荣贸易有限公司 业务专用章

南华市华荣贸易有限公司 财务结算章 2017.01.12

主管：陈伟　　会计：赵贞　　验收：陈海华　　制单：张海

（e）

图6-20 相关单据及发票（续）

经济业务 21：购进商品并验收入库（见图 6-21）

批 发 商 品 入 库 单

供货单位：广州市光明贸易有限公司

收货部门：批发部　　　　2017年1月12日　　　　金额单位：元

品名规格	计量单位	单价	应收数 数量	应收数 金额	实收数 数量	实收数 金额	盈亏数（+、-） 数量	盈亏数（+、-） 金额
迪美遥控越野车	辆	47.86	500	23 931.62	500	23 931.62		
嘉鸿遥控吉普车	辆	39.32	500	19 658.12	500	19 658.12		
合　计				43 589.74		43 589.74		
备　注								

第三联：财务记账

复核：胡珍珍　　会计：赵贞　　验收：陈海华　　制单：张海

（a）

广东省增值税专用发票

发 票 联

NO：2556623

4400102140　　　　开票日期：2017年1月12日

购货单位	名　称：南华市华荣贸易有限公司 纳税人识别号：4501223165608459 地 址、电 话：南华市江滨大道216号 0771—38696933 开户行及账号：建行南华宁安支行 450016048513668225	密码区	03**263>>0821927-8303 -5215895---669*>7873/ 37315/6*2-+505/32+78 +48-4*1850164907>>>/	加密版本：01 4300062620 03948082

货物或应税劳务名称	规格型号	单位	数量	单价	金额	税率	税额
迪美遥控特技车		辆	500	47.863 2	23 931.62	17%	4 068.38
嘉鸿遥控吉普车		辆	500	39.316 2	19 658.12	17%	3 341.88
合　计					¥ 43 589.74		¥ 7 410.26
价税合计（大写）	人民币伍万壹仟元整					小写：	¥ 51 000.00

销货单位	名　称：广州市宏创电子有限公司 纳税人识别号：2056889906312069 地 址、电 话：广州市银河路28号 020—68336621 开户行及账号：工行广州银河支行 204694556689415236	备注	

收款人：　　复核：黄海　　开票人：林玲　　销货单位：（章）

第二联：购货方记账凭证

（b）

广东省增值税专用发票

抵 扣 联

NO：2556623

4400102140　　　　开票日期：2017年1月12日

购货单位	名　称：南华市华荣贸易有限公司 纳税人识别号：4501223165608459 地 址、电 话：南华市江滨大道216号 0771—38696933 开户行及账号：建行南华宁安支行 450016048513668225	密码区	03**263>>0821927-8303 -5215895---669*>7873/ 37315/6*2-+505/32+78 +48-4*1850164907>>>/	加密版本：01 4300062620 03948082

货物或应税劳务名称	规格型号	单位	数量	单价	金额	税率	税额
迪美遥控特技车		辆	500	47.863 2	23 931.62	17%	4 068.38
嘉鸿遥控吉普车		辆	500	39.316 2	19 658.12	17%	3 341.88
合　计					¥ 43 589.74		¥ 7 410.26
价税合计（大写）	人民币伍万壹仟元整					小写：	¥ 51 000.00

销货单位	名　称：广州市宏创电子有限公司 纳税人识别号：2056889906312069 地 址、电 话：广州市银河路28号 0210—68336621 开户行及账号：工行广州银河支行 204694556689415236	备注	

收款人：　　复核：黄海　　开票人：林玲　　销货单位：（章）

第三联：购货方抵扣凭证

（c）

图 6-21　相关单据及发票

中国建设银行

银行汇票

付款期限 壹个月

多余款 收账通知 4

NO：01145683

出票日期（大写）	贰零壹陆年壹拾贰月贰拾捌日	第 268674463号	
		代理付款行：工行广州银河支行	行号：00216
收款人：广州市宏创电子有限公司		账号：204694556689415236	
出票金额	人民币（大写）	伍万伍仟元整	
实际结算金额	人民币（大写）	伍万壹仟元整	千百十万千百十元角分 ¥5100000
申请人：南华市华荣贸易有限公司		账号或住址：450016048513668225	
出票行：建行	行号：368	多余金额 千百十万千百十元角分 ¥400000	左列退回多余金额已收入你账户内
备注：			财务主管 复核 经办人
出票行盖章			

此联出票行结清多余款后交申请人

中国建设银行股份有限公司 南华市宁安支行 2017.01.12 办讫章 (6)

（d）

图 6-21 相关单据及发票（续）

经济业务 22：购买办公用品收到普通发票（见图 6-22）

南华市增值税普通发票

全国统一发票监制章 南华市 国家税务总局监制

发 票 联

145000822006

NO：00253697

开票日期：2017年1月13日

购货单位	名称：南华市华荣贸易有限公司 纳税人识别号：4404223165608459 地址、电话：南华市江滨大道216号 0771—38696933 开户行及账号：建行南华市宁安支行 450016048513668225			密码区	09**263>>0821927-8303 -5215895---669*>7873/ 37315/6*2-+505/32+78 +48-4*1550531163>>>/	加密版本：01 4300062620 02848592	
货物或应税劳务名称	规格型号	单位	数量	单价	金额	税率	税额
复印纸等办公用品		批	1	581.196 6	581.20	17%	98.80
合计					¥581.20		¥98.80
价税合计（大写）	人民币陆佰捌拾元整				（小写）¥680.00		
销货单位	名称：南华市海达贸易有限公司 纳税人识别号：4501587234692651 地址、电话：南华市东华大道336号 0771—38472569 开户行及账号：建行南华市东华支行 450016048513668363			备注	详见商品销货清单		

收款人： 复核： 开票人：林青 销货单位：（章）

第二联：购货方记账凭证

南华市海达贸易有限公司 4501587234692651 发票专用章

（a）

中国建设银行

转账支票存根

10504520

81611689

附加信息

出票日期 2017年1月13日

收款人：	南华市海达贸易有限公司
金额：	680.00
用途：	办公用品

单位主管 会计

（b）

图 6-22 相关单据及发票

中国建设银行 进账单（回单） 1

2017 年 1 月 13 日

出票人	全　　称	南华市华荣贸易有限公司	收款人	全　　称	南华市海达贸易有限公司
	账　　号	450016048513668225		账　　号	450016048513668363
	开户银行	建行南华市宁安支行		开户银行	建行南华市东华支行
金额	人民币（大写）	陆佰捌拾元整		亿千百十万千百十元角分	¥68000
票据种类		转账支票	票据张数	1	
票据号码		81611689			
	复核	记账		开户银行签章	

开户行交持（出）票人的回单

中国建设银行股份有限公司 南华市宁安支行 2017.01.13 办讫章 （6）

（c）

图 6-22　相关单据及发票（续）

经济业务 23：销售商品（见图 6-23）

批发商品销售出库单

南华市华荣贸易有限公司 业务专用章

购货单位：南华市兴湖贸易有限公司　　　　开单日期：2017年1月13日

品　名　规　格	计量单位	计划数	实发数	单　价	金　额	单位成本	总成本
彩虹防滑垫47cm×46cm	块	5 000	5 000	8.00	40 000.00		
彩虹地垫460mm×700mm	块	3 000	3 000	11.00	33 000.00		
彩虹净化包100g×10	件	300	300	236	70 800.00		
合　　计					143 800.00		

第三联：财务记账

南华市华荣贸易有限公司 财务结算章 2017.01.13

复核：胡珍珍　　会计：赵贞　　发货：陈海华　　制单：黄丽娜

（a）

批发商品销售出库单

南华市华荣贸易有限公司 业务专用章

购货单位：南华市兴湖贸易有限公司　　　　开单日期：2017年1月13日

品　名　规　格	计量单位	计划数	实发数	单　价	金　额	单位成本	总成本
彩虹自动长柄伞	把	3 000	3 000	15.00	45 000.00		
彩虹皮手柄伞80cm	把	2 000	2 000	18.00	36 000.00		
彩虹暖手袋23.5cm	只	2 000	2 000	28.00	56 000.00		
合　　计					137 000.00		

第三联：财务记账

南华市华荣贸易有限公司 财务结算章 2017.01.13

复核：胡珍珍　　会计：赵贞　　发货：陈海华　　制单：黄丽娜

（b）

图 6-23　相关单据及发票

南华市增值税专用发票

记账联

NO：0145255

4500042140

开票日期：2017年1月13日

购货单位	名　　称：南华市兴湖贸易有限公司 纳税人识别号：4501659447251336 地 址、电 话：南华市兴湖路321号 0771—53213145 开户行及账号：建行南华市兴湖支行 450125122154883257	密码区	03**263>>0821927-8303 -5215895---669*>7873/ 37315/6*2-+505/32+78 +48-4*1850164907>>>/
			加密版本：01 4300062620 03948082

货物或应税劳务名称	规格型号	单位	数量	单价	金额	税率	税额
彩虹防滑垫	47cm×46cm	块	5 000	6.837 61	34 188.03	17%	5 811.97
彩虹地垫	460mm×700mm	块	3 000	9.401 71	28 205.13	17%	4 794.87
彩虹净化包	100g×10	件	300	201.71	60 512.82	17%	10 287.18
合　计					¥122 905.98		¥20 894.02
价税合计（大写）	人民币壹拾肆万叁仟捌佰元整						小写：¥143 800.00

销货单位	名　　称：南华市华荣贸易有限公司 纳税人识别号：4501223165608459 地 址、电 话：南华市江滨大道216号 0771—38696933 开户行及账号：建行南华市宁安支行 450016048513668225	备注	

第四联：销货方记账凭证

收款人：　　复核：胡珍珍　　开票人：李芬　　销货单位：（章）

（c）

南华市增值税专用发票

记账联

NO：0145256

4500042140

开票日期：2017年1月13日

购货单位	名　　称：南华市兴湖贸易有限公司 纳税人识别号：4501659447251336 地 址、电 话：南华市兴湖路321号 0771—53213145 开户行及账号：建行南华市兴湖支行 450125122154883257	密码区	03**263>>0821927-8303 -5215895---669*>7873/ 37315/6*2-+505/32+78 +48-4*1850164907>>>/
			加密版本：01 4300062620 03948082

货物或应税劳务名称	规格型号	单位	数量	单价	金额	税率	税额
彩虹自动长柄伞		把	3 000	12.820 51	38 461.54	17%	6 538.46
彩虹皮手柄伞	80cm	把	2 000	15.384 62	30 769.23	17%	5 230.77
彩虹暖手袋	23.5cm	只	2 000	23.931 62	47 863.25	17%	8 136.75
合　计					¥117 094.02		¥19 905.98
价税合计（大写）	人民币壹拾叁万柒仟元整						小写：¥137 000.00

销货单位	名　　称：南华市华荣贸易有限公司 纳税人识别号：4501223165608459 地 址、电 话：南华市江滨大道216号 0771—38696933 开户行及账号：建行南华市宁安支行 450016048513668225	备注	

第四联：销货方记账凭证

收款人：　　复核：胡珍珍　　开票人：李芬　　销货单位：（章）

（d）

图 6-23　相关单据及发票（续）

中国建设银行 进账单（收账通知） 3

2017 年 1 月 13 日

出票人	全　称	南华市兴湖贸易有限公司	收款人	全　称	南华市华荣贸易有限公司
	账　号	450125122154883257		账　号	450016048513668225
	开户银行	建行南华市兴湖支行		开户银行	建行南华市宁安支行
金额	人民币（大写）	贰拾捌万零捌佰元整			亿 千 百 十 万 千 百 十 元 角 分 ¥ 2 8 0 8 0 0 0 0
票据种类	转账支票	票据张数			
票据号码	51611271				
复核	记账			收款人开户银行签章	

开户行交给收款人的收账通知

中国建设银行股份有限公司 南华市宁安支行 2017.01.13 办讫章 (6)

（e）

图 6-23　相关单据及发票（续）

经济业务 24：商品内部调拨（见图 6-24）

商 品 内 部 调 拨 单

调入部门：日杂柜

调出部门：批发部　　　　2017年1月15日　　　　金额单位：元

品名规格	计量单位	数量	进货成本		零售价		商品进销差价
			单价	金额	单价	金额	
彩虹净化包100g×10	件	600			269	161 400.00	
彩虹防滑垫47cm×46cm	块	3 000			9.8	29 400.00	
彩虹自动长柄伞	把	2 0[illegible]			[illegible]	38 000.00	
合　计						228 800.00	

第三联：财务记账

会计：赵贞　　　收货：蓝涛　　　发货：陈海华　　　制单：张海

南华市华荣贸易有限公司 业务专用章

南华市华荣贸易有限公司 财务结算章 2017.01.15

（a）

商 品 内 部 调 拨 单

调入部门：食品柜

调出部门：批发部　　　　2017年1月15日　　　　金额单位：元

品名规格	计量单位	数量	进货成本		零售价		商品进销差价
			单价	金额	单价	金额	
八渡酸笋150g×10	件	800			56	44 800.00	
合　计		800				44 800.00	

第三联：财务记账

会计：赵贞　　　收货：蓝涛　　　发货：陈海华　　　制单：张海

南华市华荣贸易有限公司 业务专用章

南华市华荣贸易有限公司 财务结算章 2017.01.15

（b）

图 6-24　商品内部调拨单

经济业务 25：职工报销差旅费（见图 6-25）

A000270　　南华 售
2017年01月04日　7：02开　　04车26号
二等座
D3605次
南　华 → 广州南
NanHua　　GuangZhouNan
¥172.00元
限乘当日当次车
450203********0011　李　博
检票口A11
二维码区
3603-2000-0112-19A0-0013-2　　和谐号

（a）

Y036680　　广州南 售
2017年01月15日　14：35开　　03车13号
二等座
D3786次
广州南 → 南　华
GuangZhouNan　　NanHua
¥172.00元
限乘当日当次车
450203********0011　李　博
检票口A20
二维码区
3363-0210-1112-21Y0-3663-0　　和谐号

（b）

广东省广州市服务业定额票
发　票　联
查询电话：（020）12366-3　　地　税　监
查询号码：595937147 1 3 6
顾客名称：
人民币金额　贰　佰　元
收款人：　　收款单位（盖章）
注：住宿费（顾客报销凭证）　　2017年1月15日
使用范围：饮食业、娱乐业及其他服务业
（印章：全国统一发票监制章　广州市地方税务局监制）
（印章：广州祥云大酒店　发票专用章）

（c）

广东省广州市服务业定额票
发　票　联
查询电话：（020）12366-3　　地　税　监
查询号码：595937147 1 3 6
顾客名称：
人民币金额　贰　佰　元
收款人：　　收款单位（盖章）
注：住宿费（顾客报销凭证）　　2017年1月15日
使用范围：饮食业、娱乐业及其他服务业
（印章：全国统一发票监制章　广州市地方税务局监制）
（印章：广州祥云大酒店　发票专用章）

（d）

图 6-25　相关票据

广东省广州市服务业定额票
发 票 联
查询电话：（020）12366-3　　地 税 监
No.
查询号码：505937147
顾客名称：
人民币金额　贰佰元
收款人：　　收款单位（盖章）
注：住宿费（顾客报销凭证）　　2017年1月15日
使用范围：饮食业、娱乐业及其他服务业

（e）

广东省地方通用定额发票
发 票 联
查询电话：（020）12366-3　　地 税 监
发票号码　758600608427
查询号码：56484233
人民币金额　贰佰元
注：会务费　　收款单位（盖章）
开票日期：2017年1月15日

（f）

广东省地方通用定额发票
发 票 联
查询电话：（020）12366-3　　地 税 监
发票号码　758600608426
查询号码：56484234
人民币金额　贰佰元
注：会务费　　收款单位（盖章）
开票日期：2017年1月15日

（g）

原始凭证粘贴笺

填报部门：批发部　　填报日期：2017年1月16日

原始凭证张数	柒 张	合计金额（大写） 壹仟叁佰肆拾肆元整	¥1344.00

总经理：刘明涛　财务主管：胡珍珍　审核：赵贞　业务主管：　填报人：李博

（h）

注：原始凭证6-25（a）~ 6-25（g）是粘贴在图6-25（h）上面作为其附件。

图6-25　相关票据（续）

差 旅 费 报 销 单

填报日期：2017 年 1 月 16 日

姓名	李博	出差地点	广州	出差日期	自 2017 年 1 月 4 日 至 2017 年 1 月 15 日
事由	参加商品展销会				

日期			起讫地点		车船费		伙食补助			费用开支		
年	月	日	起	讫	类别	金额	天数	标准	金额	项目	单据张数	金额
17	12	4	南华	广州	火车	172				会务费	2	400
17	12	15	广州	南华	火车	172	12	80	960	住宿费	3	600
										邮电费		
										市内交通		
										其他		
小计						344	12		960			1 000
附件 壹 张			总计金额人民币（大写）：贰仟叁佰零肆元整							¥2 304.00		
①预借差旅费 2 000 元 ②外借差旅费 元 ③缴回现款 元 ④补付现金304元												

单位主管：刘明涛　　审核：胡珍珍　　部门主管：　　出纳：张金华

（i）

注：图 6-25（h）及其附件粘贴在图 6-25（i）下面作为其附件。

图 6-25　相关票据（续）

经济业务 26：购进商品并验收入库（见图 6-26）

零 售 商 品 验 收 单

供货单位：南华市达汇食品有限公司

收货部门：食品柜　　2017年1月18日　　金额单位：元

品名规格	计量单位	单位进价	应收数		实收数		盈亏数（+、—）		零售价		商品进销差价
			数量	金额	数量	金额	数量	金额	单价	金额	
桂圆肉250g×10	件	188.03	120	22 564.10	100	18 803.42	-20	-3 760.68	256	25 600.00	6 796.58
桂圆肉500g×10	件	341.88	120	41 025.64	120	41 025.64			496	59 520.00	18 494.36
合计				63 589.74		59 829.06		-3 760.68		85 120.00	25 290.94

第三联：财务记账

复核：胡珍珍　　会计：赵贞　　验收：蓝涛　　制单：张海

（a）

商 品 溢 余（短缺）报 告 单

供货单位：南华市达汇食品有限公司

收货部门：食品柜　　2017年1月18日　　金额单位：元

品名规格	计量单位	单价	应收数		实收数		盈亏数（+、—）	
			数量	金额	数量	金额	数量	金额
桂圆肉250g×10	件	188.03	120	22 564.10	100	18 803.42	-20	-3 760.68
合计				22 564.10		18 803.42		-3 760.68
溢缺原因	原因未明，待查							
处理意见	待查明原因后处理							

第三联：财务记账

主管：刘娟娟　　会计：赵贞　　验收：蓝涛　　制单：张海

（b）

图 6-26　相关单据及发票

南华市增值税专用发票

发票联

4500042140　　　　开票日期：2017年1月18日

购货单位	名　　称：南华市华荣贸易有限公司 纳税人识别号：4501223165608459 地 址、电 话：南华市江滨大道216号 0771—38696933 开户行及账号：建行南华宁安支行 450016048513668225			密码区	03**263>>0821927-8303 -5215895---669*>7873/ 37315/6*2-+505/32+78 +48-4*1850164907>>>/		加密版本：01 4300062620 03948082
货物或应税劳务名称	规格型号	单 位	数 量	单 价	金 额	税 率	税 额
桂圆肉	250g×10	件	120	188.034	22 564.10	17%	3 835.90
桂圆肉	500g×10	件	120	341.880	41 025.64	17%	6 974.36
合　　计					¥ 63 589.74		¥ 10 810.26
价税合计（大写）	人民币柒万肆仟肆佰元整					小写：¥ 74 400.00	
销货单位	名　　称：南华市达汇食品有限公司 纳税人识别号：4501656906347223 地 址、电 话：南华市江南路12号 0771—4544688 开户行及账号：工商银行江南支行 5644556689412386			备注			

收款人：　　　复核：黄海　　　开票人：林玲　　　销货单位：（章）

第二联：购货方记账凭证

（c）

南华市增值税专用发票

抵扣联

NO：0245532

4500042140　　　　开票日期：2017年1月18日

购货单位	名　　称：南华市华荣贸易有限公司 纳税人识别号：4501223165608459 地 址、电 话：南华市江滨大道216号 0771—38696933 开户行及账号：建行南华宁安支行 450016048513668225			密码区	03**263>>0821927-8303 -5215895---669*>7873/ 37315/6*2-+505/32+78 +48-4*1850164907>>>/		加密版本：01 4300062620 03948082
货物或应税劳务名称	规格型号	单 位	数 量	单 价	金 额	税 率	税 额
桂圆肉	250g×10	件	120	188.034	22 564.10	17%	3 835.90
桂圆肉	500g×10	件	120	341.880	41 025.64	17%	6 974.36
合　　计					¥ 63 589.74		¥ 10 810.26
价税合计（大写）	人民币柒万肆仟肆佰元整					小写：¥ 74 400.00	
销货单位	名　　称：南华市达汇食品有限公司 纳税人识别号：4501656906347223 地 址、电 话：南华市江南路12号 0771—4544688 开户行及账号：工商银行江南支行 5644556689412386			备注			

收款人：　　　复核：黄海　　　开票人：林玲　　　销货单位：（章）

第三联：购货方抵扣凭证

（d）

中国建设银行

转账支票存根

10504520

81611690

附加信息

出票日期	2017 年 1 月 18 日
收款人：	南华市达汇食品有限公司
金　额：	74400.00
用　途：	支付货款

单位主管　　会计

（e）

图 6-26　相关票据及发票（续）

中国建设银行 进账单（回单） 1

2017 年 1 月 18 日

出票人	全　称	南华市华荣贸易有限公司	收款人	全　称	南华市达汇食品有限公司
	账　号	450016048513668225		账　号	50445500089412386
	开户银行	建行南华市宁安支行		开户银行	工行南华市江南支行
金额	人民币（大写）	柒万肆仟肆佰元整		亿千百十万千百十元角分	¥ 7 4 4 0 0 0 0
票据种类	转账支票	票据张数			
票据号码	81611692				
	复核　　记账				开户银行签章

开户行交持（出）票人的回单

中国建设银行股份有限公司 南华市宁安支行 2017.01.18 办讫章 (6)

（f）

图 6-26　相关单据及发票（续）

经济业务 27：销售商品，货款已预收（见图 6-27）

批发商品销售出库单

购货单位：贵港市旺仔贸易有限公司　　　　开单日期：2017年1月18日

品　名　规　格	计量单位	计划数	实发数	单　价	金　额	单位成本	总成本
八渡酸笋150g×10	件	400	400	50.00	20 000.00		
荔浦芋头条50g×100	件	300	300	236.00	70 800.00		
香酥鱼仔50g×100	件	300	300	205	61 500.00		
合　　计					152 300.00		

第三联 财务记账

复核：胡珍珍　　会计：赵贞　　发货：陈海华　　制单：黄丽娜

南华市华荣贸易有限公司 业务专用章

南华市华荣贸易有限公司 财务结算章 2017.01.18

（a）

南华市增值税专用发票

全国统一发票监制章 南华市 国家税务总局监制

记　账　联

NO：0145257

4500042140　　　　开票日期：2017年1月18日

购货单位	名　　称：贵港市旺仔贸易有限公司 纳税人识别号：4525659447250248 地 址、电 话：贵港市江滨大道328号 0775—4213182 开户行及账号：工行贵港市江滨支行 452525122154883216	密码区	03**263>>0821927-8303 -5215895---669*>7873/ 37315/6*2-+505/32+78 +48-4*1850164907>>>/	加密版本：01 4300062620 03948082

货物或应税劳务名称	规格型号	单位	数量	单价	金额	税率	税额
八渡酸笋	150g×10	件	400	42.735 04	17 094.02	17%	2 905.98
荔浦芋头条	50g×100	件	300	201.709 40	60 512.82	17%	10 287.18
香酥鱼仔	50g×100	件	300	175.213 68	52 564.10	17%	8 935.90
合　计					¥ 130 170.94		¥ 22 129.06
价税合计（大写）	人民币壹拾伍贰仟叁佰元整					小写：¥ 152 300.00	

销货单位	名　　称：南华市华荣贸易有限公司 纳税人识别号：4501223165608459 地 址、电 话：南华市江滨大道216号 0771—33696933 开户行及账号：建行南华市宁安支行 450016048513668225	备注	冲预收款

第四联：销货方记账凭证

收款人：　　复核：胡珍珍　　开票人：李芬　　销货单位：（章）

南华市华荣贸易有限公司 4501223165608459 发票专用章

（b）

图 6-27　相关单据及发票

经济业务 28：支付电话费（见图 6-28）

南华市邮电、通信业发票

发票联

发票代码：254122525963
发票号码：32563625

受理编号： 2017 年 1 月 19 日

用户名称	南华市华荣贸易有限公司	通信号码	0771—38696933
收费事由	电话费	用户编号	45756325
		备注：加盖发票专用章及收款员名有效	
合计人民币（大写）：贰仟肆佰叁拾元整		合计（小写）：¥2 430.00	

第二联：报销凭证

流水号： 收款员：陈小小 收入稽核员：

（a）

中国建设银行特种转账借方凭证

人民币 清算日期：2017年1月19日 第 号（客户回单）

付款人	全 称	南华市华荣贸易有限公司	收款人	全 称	达达通信公司
	账 号	450016048513668225		账 号	450016048513661263663
	开户行	建行南华市宁安支行		开户行	工行南华市江南支行
金额（大写）	贰仟肆佰叁拾元整				¥2 430.00
用途					
备 注 代理业务转账 项目 4103 南华电信 客户代码：010002463				银行盖章	

会计主管： 授权： 复核： 打印：

（b）

图 6-28 发票及付款凭证

经济业务 29：购买复印机收到普通发票（见图 6-29）

南华市增值税普通发票

发票联

NO：0036553

145000822006 开票日期：2017年1月19日

购货单位	名 称：南华市华荣贸易有限公司 纳税人识别号：450122316560845 9 地址、电话：南华市江滨大道216号 0771—38696933 开户行及账号：建行南华市宁安支行 450016048513668225				密码区	09**263>>0821927-8303 -5215895---669*>7873/ 37315/6*2-+505/32+78 +48-4*22413324794>>>/		加密版本：01 4300062620 02848077
货物或应税劳务名称	规格型号	单 位	数 量	单 价	金 额	税 率		税 额
复印机	EPS735	台	1	18 000	18 000	17%		3 060
合 计					¥18 000.00			¥3 060.00
价税合计（大写）	贰万壹仟零陆拾元整					（小写）¥21 060.00		
销货单位	名 称：南华市昌胜贸易有限公司 纳税人识别号：4357690038222577 地址、电话：南华市大吉路542号 0771—38141103 开户行及账号：建行南华市大吉支行 450024683700985323				备注			

第二联：购货方记账凭证

收款人： 复核：李红 开票人：陈西 销货单位：（章）

（a）

图 6-29 相关单据及发票

固定资产设备入库单

2017年1月19日　　　　字第　　号

名称	规格	单位	应收数量	实收数量	单价	十	万	千	百	十	元	角	分	供应单位名称
复印机		台	1	1	21 060.00		2	1	0	6	0	0	0	昌胜公司
						¥	2	1	0	6	0	0	0	
	已交付公司办公室使用													

第二联：财务记账

保管：　　　　验收：成小燕　　　　制表：江世涛

南华市华荣贸易有限公司 业务专用章

南华市华荣贸易有限公司 财务结算章 2017.01.19

（b）

中国建设银行 转账支票存根 **10504520** 81611691	
附加信息	
出票日期	*2017* 年 *1* 月 *19* 日
收款人：	南华市昌胜贸易有限公司
金　额：	21060.00
用　途：	购买复印机
单位主管　　会计	

（c）

中国建设银行　进账单（回单）　　1

2017 年 *1* 月 *19* 日

出票人	全　称	南华市华荣贸易有限公司	收款人	全　称	南华市昌胜贸易有限公司
	账　号	450016048513668225		账　号	45002468[illegible]700985323
	开户银行	建行南华市宁安支行		开户银行	建行南华市大吉支行
金额	人民币（大写）	贰万壹仟零陆拾元整		亿千百十万千百十元角分	¥2106000
票据种类		转账支票	票据张数		
票据号码		81611693			
	复核	记账			开户银行签章

开户行交持（出）票人的回单

中国建设银行股份有限公司 南华市宁安支行 2017.01.19 办讫章（6）

（d）

图 6-29　相关单据及发票（续）

经济业务 30：购买票据（见图 6-30）

中国建设银行 业 务 收 费 凭 证

2017年1月19日　　　　流水号：

户名：南华市华荣贸易有限公司		账号：450016048513668225			
项目名称	工本费	手续费	电子汇划费		金额
购票据	120				120
金额（大写）壹佰贰拾元整					
付款方式	转讫				
	业务类型：对公收费 代发工资手续费				

会计主管：　　授权：　　复核：　　录入：陈西

图 6-30　银行业务收费凭证

经济业务 31：购进商品并验收入库（图 6-31）

批 发 商 品 入 库 单

供货单位：广州市宏创电子有限公司

收货部门：批发部　　2017年1月20日　　金额单位：元

品名规格	计量单位	单价	应收数		实收数		盈亏数（+、-）	
			数量	金额	数量	金额	数量	金额
嘉鸿电动遥控车	辆	64.103	500	32 051.28	500	32 051.28		
嘉鸿遥控吉普车	辆	34.188	500	17 094.02	500	17 094.02		
合计				49 145.30		49 145.30		
备注								

第三联：财务记账

复核：胡珍珍　　会计：赵贞　　验收：陈海华　　制单：张海

（a）

广东省增值税专用发票

发票联

NO：2556623

4400102140　　开票日期：2017年1月20日

购货单位	名称：南华市华荣贸易有限公司 纳税人识别号：4501223165608459 地址、电话：南华市江滨大道216号 0771—38696933 开户行及账号：建行南华宁安支行 450016048513668225			密码区	03**263>>0821927-8303 -5215895---669*>7873/ 37315/6*2-+505/32+78 +48-4*1850164907>>>/		加密版本：01 4300062620 03948082
货物或应税劳务名称	规格型号	单位	数量	单价	金额	税率	税额
嘉鸿电动遥控车		辆	500	64.102 6	32 051.28	17%	5 448.72
嘉鸿遥控吉普车		辆	500	34.188 0	17 094.02	17%	2 905.98
合计					￥49 145.30		￥8 354.70
价税合计（大写）	人民币伍万柒仟伍佰元整					小写：￥57 500.00	
销货单位	名称：广州市宏创电子有限公司 纳税人识别号：2056889906312069 地址、电话：广州市银河路28号 020—68386621 开户行及账号：工行广州银河支行 204694556689415236			备注	合同约定2017年2月20日前付款		

第二联：购货方记账凭证

收款人：　　复核：兰芳　　开票人：陆璐　　销货单位：（章）

（b）

图 6-31　相关单据及发票

广东省增值税专用发票

广东省
抵扣联

NO：2556623

4400102140　　　　开票日期：2017年1月20日

购货单位	名　　称：南华市华荣贸易有限公司 纳税人识别号：450122316560 8459 地 址、电 话：南华市江滨大道216号 0771—38696933 开户行及账号：建行南华宁安支行 450016048513668225			密码区	03**263>>0821927-8303 -5215895---669*>7873/ 37315/6*2-+505/32+78 +48-4*1850164907>>>/	加密版本：01 4300062620 03948082

货物或应税劳务名称	规格型号	单位	数量	单价	金额	税率	税额
嘉鸿电动遥控车		辆	500	64.102 6	32 051.28	17%	5 448.72
嘉鸿遥控吉普车		辆	500	34.188 0	17 094.02	17%	2 905.98
合　　计					¥ 49 145.30		¥ 8 354.70
价税合计（大写）	人民币伍万柒仟伍佰元整					小写：¥ 57 500.00	

销货单位	名　　称：广州市宏创电子有限公司 纳税人识别号：2056889906312069 地 址、电 话：广州市银河路28号 020—68336621 开户行及账号：工行广州银河支行 204694556689415236	备注	合同约定2017年2月20日前付款

收款人：　　　复核：兰芳　　　开票人：陆璐　　　销货单位：（章）

第三联：购货方抵扣凭证

（c）

图 6-31　相关单据及发票（续）

经济业务 32：支付水费（见图 6-32）

南 华 市 水 费 发 票

南华市

发票代码：145010652103

开票日期：2017年1月20日　　　　发票号码：540397

您户下次抄表时间：2月20日上午，请给予配合！账号：450016048513668225

户名	南华市华荣贸易有限公司				水表户号	302133
地址	南华市江滨大道216号				水表编号	001246
12月行度（立方米）	用水性质	用水量（立方米）	单价（元）	水费金额（元）	污水处理费（元）	代收水资源费（元）
189 541	商用	1 300	1.14	1 482	536	266
金　额（大写）	贰仟贰佰捌拾肆元整				收费单位盖章	
金额总计（元）	¥2 284.00					

抄表日期：　　　交款日期：　　　收费员：

收费查询电话：689052、4944010

根据：南价[2005]209号文收取水资源费、南价[2004]984号文收取污水处理费。

第二联：发票联（手写无效）

（a）

图 6-32　发票及水费付款凭证

中国建设银行特种转账借方凭证

人民币　　清算日期：2017年1月20日　　第　号　（客户回单）

付款人	全　称	南华市华荣贸易有限公司	收款人	全称	南华市绿泉水务有限公司
	账　号	450016048513668225		账号	45001604851362343627
	开户行	建行南华市宁安支行		开户行	工行南华市江南支行
金额（大写）	贰仟贰佰捌拾肆元整				¥2 284.00
用途					
备　注 代理业务转账　项目 4104　南华供水 客户代码：010001014					银行盖章

中国建设银行股份有限公司 南华市宁安支行 2017.01.20 办讫章 （6）

会计主管：　　授权：　　复核：　　打印：

（b）

图 6-32　发票及水费付款凭证

经济业务 33：零售商品收入（见图 6-33）

内　部　缴　款　单

交款部门：食品柜　　交款日期：2017年1月20日

款　项　内　容	十	万	千	百	十	元	角	分	备注
零售货款	1	9	0	0	0	0	0	0	
现金付讫									南华市华荣贸易有限公司 财务结算章 2017.01.20
合计（大写）	壹拾玖万元整								¥：190 000.00

第二联：财务记账

收款人：张金华　　复核：胡珍珍　　交款人：蓝涛

（a）

内　部　缴　款　单

交款部门：日杂柜　　交款日期：2017年1月20日

款　项　内　容	十	万	千	百	十	元	角	分	备注
零售货款	2	2	0	0	0	0	0	0	
现金付讫									南华市华荣贸易有限公司 财务结算章 2017.01.20
合计（大写）	贰拾贰万元整								¥：220 000.00

第二联：财务记账

收款人：张金华　　复核：胡珍珍　　交款人：钟丽

（b）

内　部　缴　款　单

交款部门：玩具柜　　交款日期：2017年1月20日

款　项　内　容	十	万	千	百	十	元	角	分	备注
零售货款	¥	9	5	0	0	0	0	0	
现金付讫									南华市华荣贸易有限公司 财务结算章 2017.01.20
合计（大写）	玖万伍仟元整								¥：95 000.00

第二联：财务记账

收款人：张金华　　复核：胡珍珍　　交款人：钟丽

（c）

图 6-33　相关单据

中国建设银行（　　）现金解款单（回单）①

2017年1月20日

收款单位	全称	南华市华荣贸易有限公司	款项来源	零售货款
	账号	450016048513068225	解款部门	财务部
人民币（大写）	伍拾万零伍仟元整		百十万千百十元角分	¥ 5 0 5 0 0 0 0 0

票面	张数	种类	千	百	十	元	角	分	
壹佰元	4 980	二元				2	0	0	
五十元	120	一元				3	0	0	
二十元	40	角票							
十元	18	分币							
五元	3	封包							收款银行盖章

中国建设银行股份有限公司 南华市宁安支行 2017.01.20 办讫章 (5)

（d）

图 6-33　相关单据（续）

经济业务 34：销售商品、货款已托收（见图 6-34）

南华市增值税专用发票

全国统一发票监制章 南华市 国家税务总局监制

记账联

4500042140　　NO：0145258

开票日期：2017年1月22日

购货单位	名称：桂林市金华贸易有限公司 纳税人识别号：4535659447256149 地址、电话：桂林市漓江路624号 0773—2323166 开户行及账号：建行桂林市漓江支行 450125122154883257	密码区	03**263>>0821927-8303 -5215895---669*>7873/ 37315/6*2-+505/32+78 +48-4*1850164907>>>/	加密版本：01 4300062620 03948082

货物或应税劳务名称	规格型号	单位	数量	单价	金额	税率	税额
迪美遥控翻斗车		辆	600	66.666 67	40 000.00	17%	6 800.00
迪美遥控特技车		辆	600	64.102 56	38 461.54	17%	6 538.46
迪美遥控越野车		辆	300	55.56	16 666.67	17%	2 833.33
合计					¥ 95 128.21		¥ 16 171.79
价税合计（大写）	人民币壹拾壹万壹仟叁佰元整					小写：¥ 111 300.00	

销货单位	名称：南华市华荣贸易有限公司 纳税人识别号：4501223165608459 地址、电话：南华市江滨大道216号 0771-38696933 开户行及账号：建行南华市宁安支行 450016048513068225	备注	

南华市华荣贸易有限公司 4501223165608459 发票专用章

收款人：　　复核：胡珍珍　　开票人：李芬　　销货单位：（章）

第四联：销货方记账凭证

（a）

南华市增值税专用发票

全国统一发票监制章 南华市 国家税务总局监制

记账联

4500042140　　NO：0145259

开票日期：2017年1月22日

购货单位	名称：桂林市金华贸易有限公司 纳税人识别号：4535659447256149 地址、电话：桂林市漓江路624号 0773—2323166 开户行及账号：建行桂林市漓江支行 450125122154883257	密码区	03**263>>0821927-8303 -5215895---669*>7873/ 37315/6*2-+505/32+78 +48-4*1850164907>>>/	加密版本：01 4300062620 03948082

货物或应税劳务名称	规格型号	单位	数量	单价	金额	税率	税额
嘉鸿遥控吉普车		辆	600	51.282 05	30 769.23	17%	5 230.77
合计					¥ 30 769.23		¥ 5 230.77
价税合计（大写）	人民币叁万陆仟元整					小写：¥ 36 000.00	

销货单位	名称：南华市华荣贸易有限公司 纳税人识别号：4501223165608459 地址、电话：南华市江滨大道216号 0771-38696933 开户行及账号：建行南华市宁安支行 450016048513068225	备注	

南华市华荣贸易有限公司 4501223165608459 发票专用章

收款人：　　复核：胡珍珍　　开票人：李芬　　销货单位：（章）

第四联：销货方记账凭证

（b）

图 6-34　相关单据及发票

托收凭证（受理回单） 1

委托日期 2017 年 1 月 22 日

业务类型	委托收款（☑邮划 □电划）		托收承付（□邮划 □电划）		
付款人 全称	桂林市金华贸易有限公司	收款人 全称	南华市华荣贸易有限公司		
付款人 账号	450125122154883257	收款人 账号	450016048513668225		
付款人 开户银行	建行桂林市漓江支行	收款人 开户银行	建行南华市宁安支行		
托收金额 人民币（大写）	壹拾肆万柒仟叁佰元整		千百十万千百十元角分：¥1 4 7 3 0 0 0 0		
款项内容	玩具货款	托收凭据名称	发票	附寄单证张数	4
商品发运情况	代运	合同名称号码	2017-0146		
备注： 复核 记账	款项收妥日期 年 月 日		收款人开户银行签章 年 月 日		

收款人开户行给收款人的受理通知

（c）

批发商品销售出库单

购货单位：桂林市金华贸易有限公司　　开单日期：2017年1月22日

品名规格	计量单位	计划数	实发数	单价	金额	单位成本	总成本
迪美遥控翻斗车	辆	600	600	78.00	46 800.00		
迪美遥控特技车	辆	600	600	75.00	45 000.00		
迪美遥控越野车	辆	300	300	65	19 500.00		
合计					111 300.00		

第三联：财务记账

复核：胡珍珍　　会计：赵贞　　发货：陈海华　　制单：黄丽娜

（d）

批发商品销售出库单

购货单位：桂林市金华贸易有限公司　　开单日期：2017年1月22日

品名规格	计量单位	计划数	实发数	单价	金额	单位成本	总成本
嘉鸿遥控吉普车	辆	600	600	60.00	36000.00		
合计					360 00.00		

第三联：财务记账

复核：胡珍珍　　会计：赵贞　　发货：陈海华　　制单：黄丽娜

（e）

图 6-34　相关单据及发票（续）

经济业务 35：归还银行借款（见图 6-35）

中国建设银行 **贷款还款凭证** （回单） ④

凭证开出日期 2017 年 1 月 24 日　　　　银行转账日期 2017 年 1 月 24 日

付款人	全　称	南华市华荣贸易有限公司	贷款账户	全　称	南华市华荣贸易有限公司
	账　号	450016048513668225		账　号	450016048513668225－1
	开户银行	建行南华市宁安支行		开户银行	建行南华市宁安支行
人民币（大写）	壹佰贰拾万元整			千百十万千百十元角分	¥ 1 2 0 0 0 0 0 0 0
贷款种类		周转借款	原借款金额		
此借款已由上列账户归还 开户银行（章）				会计分录： 借： 贷： 复核　记账	

第四联：回单

（印章：中国建设银行股份有限公司 南华市宁安支行 2017.01.24 办讫章（6））

图 6-35 贷款还款凭证

经济业务 36：销货退回（见图 6-36）

批发商品销售出库单

购货单位：北海市金达贸易有限公司　　　　开单日期：2017年1月24日

品名规格	计量单位	计划数	实发数	单价	金额	单位成本	总成本
迪美遥控翻斗车	辆	300	300	80.00	24 000.00	60.00	18 000.00
合计					24 000.00		18 000.00

第三联：财务记账

复核：胡珍珍　　会计：赵贞　　发货：陈海华　　制单：黄丽娜

（印章：南华市华荣贸易有限公司 业务专用章；南华市华荣贸易有限公司 财务结算章 2017.01.24）

（a）

南华市增值税专用发票

记账联

NO：0145260

4500042140　　　　开票日期：2017年1月24日

购货单位	名称：北海市金达贸易有限公司 纳税人识别号：4575659447252617 地址、电话：北海市银光大道427号 0779—5323643 开户行及账号：工行北海市银滩支行 457955668941483521			密码区	03**263>>0821927-8303 -5215895---669*>7873/ 37315/6*2-+505/32+78 +48-4*1850164907>>>/		加密版本：01 4300062620 03948082
货物或应税劳务名称	规格型号	单位	数量	单价	金额	税率	税额
迪美遥控翻斗车		辆	300	68.376 07	20 512.82	17%	3 487.18
合计					¥ 20 512.82		¥ 3 487.18
价税合计（大写）	人民币贰万肆仟元整					小写：¥ 24 000.00	
销货单位	名称：南华市华荣贸易有限公司 纳税人识别号：4501223165608459 地址、电话：南华市江滨大道216号 0771—38696933 开户行及账号：建行南华市宁安支行 450016048513668225			备注	上月销售、退货		

第四联：销货方记账凭证

收款人：　　复核：胡珍珍　　开票人：李芬　　销货单位：（章）

（印章：全国统一发票监制章 南华市 国家税务总局监制；南华市华荣贸易有限公司 4501223165608459 发票专用章）

（b）

图 6-36 相关单据及发票

中国建设银行 电汇凭证 （回单） 1 XV04611238

□普通 □加急 委托日期 *2017* 年 *1* 月 *24* 日

汇款人	全称	*南华市华荣贸易有限公司*	收款人	全称	*北海市金达贸易有限公司*
	账号	*450016048513668225*		账号	*457955668941483521*
	汇出地点	*南华市*		汇入地点	*北海市*
汇出行名称		*建行南华宁安支行*	汇入行名称		*工行北海市银滩支行*
金额	人民币（大写）	*人民币贰万肆仟元整*	亿千百十万千百十元角分		¥ 2 4 0 0 0 0 0
			支付密码		
			附加信息及用途：*退货款*		
汇出行签章			复核	记账 兰昔朋	

中国建设银行股份有限公司 南华市宁安支行 2017.01.24 办讫章 (6)

此联汇出行给汇款人的回单

（c）

图 6-36 相关单据及发票（续）

支付广告费，如图 6-37 所示（增值税专用发票抵扣联：略）。

南华市增值税专用发票

4500042140 NO：0145496

全国统一发票监制章 南华市 国家税务总局监制

发 票 联 开票日期：2017年1月24日

购货单位	名称：南华市华荣贸易有限公司 纳税人识别号：4404223165608459 地址、电话：南华市江滨大道216号0771-38696933 开户行及账号：建行南华市宁安支行450016048513668			密码区	09**263>>0821927-8303 加密版本：01 -5215895---669*>7873/ 37315/6*2-+505/32+78 4300062620 +48-4*1550531163>>>/ 02848592		
货物或应税劳务名称	规格型号	单位	数量	单价	金额	税率	税额
广告费		幅	1	4 716.981 13	4 716.98	6%	283.02
合 计					¥4 716.98		¥283.02
价税合计（大写）	人民币伍仟元整				（小写）		¥5 000.00
销货单位	名称：南华市万佳广告有限公司 纳税人识别号：4501587204621632 地址、电话：南华市青山大道324号0771-38672513 开户行及账号：建行南华市青山支行450016048513620			备注			

南华市万佳广告有限公司 4501587204621632 发票专用章

收款人： 复核： 开票人：零青青 销货单位：（章）

第二联：购货方记账凭证

（a）

中国建设银行 转账支票存根	
10504520 81611692	
附加信息	
出票日期 *2017* 年 *1* 月 *24* 日	
收款人：	*南华市万佳广告有限公司*
金 额：	*5000.00*
用 途：	*广告费*
单位主管 会计	

（b）

图 6-37 相关单据及发票

中国建设银行 进账单（回单） 1

2017 年 1 月 24 日

出票人	全称	南华市华荣贸易有限公司	收款人	全称	南华市万佳广告有限公司	开户行交持（出）票人的回单
	账号	450016048513668225		账号	450016048513638425	
	开户银行	建行南华市宁安支行		开户银行	工行南华市高新支行	
金额	人民币（大写）	伍仟元整		亿千百十万千百十元角分	¥500000	
票据种类		转账支票	票据张数			
票据号码		81611692				
复核		记账			开户银行签章	

中国建设银行股份有限公司 南华市宁安支行 2017.01.24 办讫章（6）

（c）

图 6-37 相关单据及发票（续）

经济业务 38：收到供方退回原少发商品的货款（见图 6-38），参阅经济业务 26

中国建设银行 进账单（收账通知） 3

2017 年 1 月 25 日

出票人	全称	南华市达汇食品有限公司	收款人	全称	南华市华荣贸易有限公司	开户行交给收款人的收账通知
	账号	564455668941231186		账号	450016048513668225	
	开户银行	工商银行江南支行		开户银行	建行南华市宁安支行	
金额	人民币（大写）	肆仟肆佰元整		亿千百十万千百十元角分	¥440000	
票据种类		转账支票	票据张数			
票据号码		61611623				
复核		记账			收款人开户银行签章	

中国建设银行股份有限公司 南华市宁安支行 2017.01.25 办讫章（6）

（a）

南华市增值税专用发票

全国统一发票监制章 南华市 国家税务总局监制

发票联

NO：0245541

4500042140 开票日期：2017年1月25日

购货单位	名称：南华市华荣贸易有限公司 纳税人识别号：4501223165608459 地址、电话：南华市江滨大道216号 0771—38696933 开户行及账号：建行南华宁安支行 450016048513668225				密码区	03**263>>0821927-8303 -5215895---669*>7873/ 37315/6*2-+505/32+78 +48-4*1850164907>>>/		加密版本：01 4300062620 03948082
货物或应税劳务名称	规格型号	单位	数量	单价	金额	税率	税额	第二联：购货方记账凭证
桂圆肉	250g×10	件	20	188.034	3 760.68	17%	639.32	
合计					¥3 760.68		¥639.32	
价税合计（大写）	人民币肆仟肆佰元整					小写：¥4 400.00		
销货单位	名称：南华市达汇食品有限公司 纳税人识别号：4501656906347223 地址、电话：南华市江南路12号 0771—4541688 开户行及账号：工商银行江南支行 564455668941231186				备注	退1月18日少发货款		

南华市达汇食品有限公司 4501656906347223 发票专用章

收款人：　　复核：黄海　　开票人：林玲　　销货单位：（章）

（b）

图 6-38 相关单据及发票

南华市增值税专用发票

南华市 抵扣联 国家税务总局监制

NO：0245541

4500042140　　　　　　　　　　　　开票日期：2017年1月25日

购货单位	名　　称：南华市华荣贸易有限公司 纳税人识别号：4501223165608459 地 址、电 话：南华市江滨大道216号 0771—38696933 开户行及账号：建行南华宁安支行 450016048513668225				密码区	03**263>>0821927-8303 -5215895---669*>7873/ 37315/6*2-+505/32+78 +48-4*1850164907>>>/		加密版本：01 4300062620 03948082
货物或应税劳务名称	规格型号	单　位	数　量	单　价	金　额	税率	税　额	
桂圆肉	250g×10	件	20	188.034	3 760.68	17%	639.32	
合　　计					¥3 760.68		¥639.32	
价税合计（大写）	人民币肆仟肆佰元整					小写：¥ 4 400.00		
销货单位	名　　称：南华市达汇食品有限公司 纳税人识别号：4501656906347223 地 址、电 话：南华市江南路12号 0771—4[illegible]44688 开户行及账号：工商银行江南支行 564455668941221186				备注	退1月18日少发货款		

南华市达汇食品有限公司 4501656906347223 发票专用章

收款人：　　　复核：黄海　　　开票人：林玲　　　销货单位：（章）

第二联：购货方记账凭证

（c）

图 6-38　相关单据及发票（续）

经济业务 39：支付报刊费（见图 6-39）

南华日报社[illegible]发票

南华市 发票联 地方税务局监制

发票代码：120584013

发票号码：1375581

客户名称：南华市华荣贸易有限公司　　　2017年1月26日

地址：南华市（县）江南 区 江滨大道216号　　　电话：3869693

报刊名称	订报日期	份　数	单　价	金　额
南华日报	4 月 1 日至 6 月 30 日	15	72 元	1 080 元
南国早报	月　日至　月　日		元	元
当代生活报	月　日至　月　日		元	元
南国今报	月　日至　月　日		元	元
金额合计：	壹仟零捌拾元整		¥1 080.00	
付款方式：	□ 现金　□转账	备注：		

南华日报社 发票专用章

收款单位：（盖章）　　　收款员（签章）：陈丽　　　投诉电话：

第二联：报销凭证

（a）

中国建设银行
转账支票存根
10504520
81611693
附加信息
出票日期 2017 年 1 月 26 日
收款人：南华日报社
金　额：1080.00
用　途：报刊费
单位主管　　会计

（b）

图 6-39　相关单据及发票

中国建设银行 进账单（回单） 1

2017年1月26日

出票人	全　称	南华市华荣贸易有限公司	收款人	全　称	南华日报社
	账　号	450016048513668225		账　号	450016048513613663
	开户银行	建行南华市宁安支行		开户银行	工行南华市江南支行
金额	人民币（大写）	壹仟零捌拾元整			亿千百十万千百十元角分：¥ 1 0 8 0 0 0
票据种类		转账支票	票据张数	1	
票据号码		81611690			
复核		记账			开户银行签章

开户行交持（出）票人的回单

中国建设银行股份有限公司 南华市宁安支行 2017.01.26 办讫章 （6）

（c）

图6-39　相关单据及发票（续）

经济业务40：支付电费（见图6-40）

中国建设银行特种转账借方凭证

人民币　　清算日期：2017年1月27日　　第　号（客户回单）

付款人	全　称	南华市华荣贸易有限公司	收款人	全　称	南华供电公司
	账　号	450016048513668225		账　号	450016048513623436227
	开户行	建行南华市宁安支行		开户行	工行南华市江南支行
金额（大写）		叁仟柒佰壹拾陆元整			¥3 716.00
用途					
备　注 代理业务转账　项目 4103　南华电力 客户代码：010001543					银行盖章

会计主管：　　授权：　　复核：　　打印：

中国建设银行股份有限公司 南华市宁安支行 2017.01.27 办讫章 （6）

（a）

南华电网公司电费专用发票

发　票　联

全国统一发票监制章 南华市 地方税务局监制

发票代码：145010552

发票号码：00668984

户名：南华市华荣贸易有限公司

用电地址：南华市江滨大道216号　　户号：　　2017年1月27日

收费项目	用电量/容量、需量	单价（元）	金额（元）
电费	7 432	0.50	[illegible]
合计（小写）：¥3 716.00			
合计人民币（大写）：叁仟柒佰壹拾陆元整			

第二联：发票联

南华市电网有限公司 收费专用章

销售单位：（未盖章无效）　　开票人：娄阿朱　　收款人：

（b）

图6-40　电费付款凭证及电费发票

经济业务 41：商品内部调拨（见图 6-41）

商品内部调拨单

调入部门：食品柜

调出部门：批发部　　　　2017年1月27日　　　　金额单位：元

品名规格	计量单位	数量	进货成本		零售价		商品进销差价
			单价	金额	单价	金额	
荔浦芋头条50g×100	件	200			260	52 000.00	
湘辣豆角50g×100	件	400			198	79 200.00	
香酥鱼仔50g×100	件	200			238	47 600.00	
合计						178 800.00	

第三联：财务记账

会计：赵贞　　收货：蓝涛　　发货：陈海华　　制单：张海

图 6-41　商品内部调拨单

经济业务 42：销售商品、货款已托收（见图 6-42）

南华市增值税专用发票

记账联

NO：0145261

4500042140　　　　开票日期：2017年1月27日

购货单位	名称：百色市华仔食品贸易有限公司 纳税人识别号：4576659447250841 地址、电话：百色市环城大道228号 0776—2213172 开户行及账号：工行百色市西环支行 457625122154338462	密码区	03**263>>0821927-8303 -5215895---669*>7873/ 37315/6*2-+505/32+78 +48-4*1850164907>>>/	加密版本：01 4300062620 03948082

货物或应税劳务名称	规格型号	单位	数量	单价	金额	税率	税额
八渡酸笋	150g×10	件	500	43.589 74	21 794.87	17%	3 705.13
荔浦芋头条	50g×100	件	200	201.709 40	40 341.88	17%	6 858.12
湘辣豆角	50g×100	件	300	141.880 34	42 564.10	17%	7 235.90
合计					￥104 700.85		￥17 799.15
价税合计（大写）	人民币壹拾贰万贰仟伍佰元整					小写：￥122 500.00	

销货单位	名称：南华市华荣贸易有限公司 纳税人识别号：4501223165608459 地址、电话：南华市江滨大道216号 0771—38696933 开户行及账号：建行南华市宁安支行 45001604851368225	备注	

第四联：销货方记账凭证

收款人：　　复核：胡珍珍　　开票人：李芬　　销货单位：（章）

（a）

批发商品销售出库单

购货单位：百色市华仔食品贸易有限公司　　　　开单日期：2017年1月27日

品名规格	计量单位	计划数	实发数	单价	金额	单位成本	总成本
八渡酸笋150g×10	件	500	500	51.00	25 500.00		
荔浦芋头条50g×100	件	200	200	236.00	47 200.00		
湘辣豆角50g×100	件	300	300	166	49 800.00		
合计					122 500.00		

第三联：财务记账

复核：胡珍珍　　会计：赵贞　　发货：陈海华　　制单：黄丽娜

（b）

图 6-42　相关单据及发票

托收凭证（受理回单） 1

委托日期 2017 年 1 月 27 日

业务类型	委托收款（☑邮划 □电划）		托收承付（□邮划 □电划）		
付款人	全称	百色市华仔食品贸易有限公司	收款人	全称	南华市华荣贸易有限公司
	账号	457625122154338462		账号	450016048513668225
	开户银行	工行百色市西环支行		开户银行	建行南华市宁安支行
托收金额	人民币（大写）	壹拾贰万贰仟伍佰元整	千百十万千百十元角分	¥ 1 2 2 5 0 0 0 0 0	
款项内容	食品货款	托收凭据名称	发票	附寄单证张数	2
商品发运情况	自提	合同名称号码	2017-0149		
备注： 复核 记账		款项收妥日期 年 月 日		收款人开户银行签章 年 月 日	

中国建设银行股份有限公司 南华市宁安支行 2017.01.27 办讫章（6）

收款人开户行给收款人的受理通知

（c）

图 6-42 相关单据及发票（续）

经济业务 43：收到托收款（见图 6-43），参阅经济业务 34

托收凭证（汇款依据或收账通知） 4

委托日期 2017 年 1 月 22 日　　付款日期 2017年1月26日

业务类型	委托收款（□邮划 □电划）		托收承付（□邮划 □电划）		
付款人	全称	桂林市金华贸易有限公司	收款人	全称	南华市华荣贸易有限公司
	账号	450125122154883257		账号	450016048513668225
	开户银行	建行桂林市漓江支行		开户银行	建行南华市宁安支行
托收金额	人民币（大写）	壹拾肆万柒仟叁佰元整	千百十万千百十元角分	¥ 1 4 7 3 0 0 0 0	
款项内容	玩具货款	托收凭据名称		附寄单证张数	2
商品发运情况	自提	合同名称号码	2017-0146		
备注： 复核 记账		上列款项已划回收入你方账户 付款单位开户行盖章 年 月 日			

中国建设银行股份有限公司 南华市宁安支行 2017.01.28 办讫章（6）

此联作付款人开户行凭以汇款或收款人开户行给收款人的收账通知

图 6-43 托收凭证

经济业务 44：零售商品销售收入（见图 6-44）

内 部 缴 款 单

交款部门：食品柜　　交款日期：2017年1月31日

款项内容	金额 十	万	千	百	十	元	角	分
零售货款	1	6	0	0	0	0	0	0
合计（大写） 壹拾陆万元整	¥：160 000.00							

现金收讫

南华市华荣贸易有限公司 财务结算章 2017.01.31

第二联：财务记账

收款人：张金华　　复核：胡珍珍　　交款人：蓝涛

（a）

图 6-44 相关单据

内部缴款单

交款部门：日杂柜　　　　交款日期：2017年1月31日

款项内容	十	万	千	百	十	元	角	分	备注
零售货款	1	7	0	0	0	0	0	0	
现金收讫									南华市华荣贸易有限公司 财务结算章 2017.01.31
合计（大写）	壹拾柒万元整								¥：170 000.00

收款人：张金华　　　　复核：胡珍珍　　　　交款人：钟丽

第二联：财务记账

（b）

内部缴款单

交款部门：玩具柜　　　　交款日期：2017年1月31日

款项内容	十	万	千	百	十	元	角	分	备注
零售货款	¥	7	0	0	0	0	0	0	
现金收讫									南华市华荣贸易有限公司 财务结算章 2017.01.31
合计（大写）	柒万元整								¥：70 000.00

收款人：张金华　　　　复核：胡珍珍　　　　交款人：梁伟涛

第二联：财务记账

（c）

中国建设银行（　　）现金解款单　①

2017年1月31日

收款单位	全称	南华市华荣贸易有限公司	款项来源	零售货款
	账号	450016048513668225	解款部门	财务部
人民币（大写）	肆拾万元整		百 十 万 千 百 十 元 角 分	¥ 4 0 0 0 0 0 0 0

票面	张数	种类	千	百	十	元	角	分
壹佰元	3 970	二元				2	0	0
五十元	56	一元				8	0	0
二十元	6	角票						
十元	5	分币						
五元	4	封包						

中国建设银行股份有限公司 南华市宁安支行 2017.01.31 办讫章 （5）

收款银行盖章

（d）

图 6-44　相关单据（续）

经济业务 45：支付银行手续费（见图 6-45）

中国建设银行 **业务收费凭证**

2017 年 1 月 31 日　　　　流水号：

户名：南华市华荣贸易有限公司			账号：450016048513668225	
项目名称	工本费	手续费	电子汇划费	金额
电划				846
转账				325
托收				368
代发				58
其他				299
金额（大写）壹仟捌佰玖拾陆元整				¥1 896.00
付款方式	转讫			
	业务类型：对公收费 代发工资手续费			

会计主管　　授权　　复核　　录入

（印章：中国建设银行股份有限公司 南华市宁安支行 2017.01.31 办讫章（6））

图 6-45　银行业务收费凭证

经济业务 46：补付供方原多发商品的货款（见图 6-46），参阅经济业务 20

中国建设银行　**电汇凭证**　（回单）　1　　XV04611239

2017年1月31日

汇款人	全称	南华市华荣贸易有限公司	收款人	全称	田林县恒达食品有限公司
	账号	450016048513668225		账号	784455668941483536
	汇出地点	南华市		汇入地点	田林县
汇出行名称		建行南华市宁安支行	汇入行名称		农行田林县红星支行
金额	人民币（大写）	肆仟陆佰元整	亿千百十万千百十元角分		¥460000
			支付密码		
			附加信息及用途：补付八渡酸笋货款		
汇出行签章			复核		记账 兰昔朋

此联汇出行给汇款人的回单

（印章：中国建设银行股份有限公司 南华市宁安支行 2017.01.31 办讫章（6））

（a）

南华市增值税专用发票

（印章：全国统一发票监制章 南华市 国家税务总局监制）

发票联　　　　NO：6234349

4500042140　　　　开票日期：2017年1月30日

购货单位	名　　称：南华市华荣贸易有限公司 纳税人识别号：4501223165608459 地址、电话：南华市江滨大道216号 0771—38696933 开户行及账号：建行南华市宁安支行 450016048513668225			密码区	03**263>>0821927-8303 -5215895---669*>7873/ 37315/6*2-+505/32+78 +48-4*1850164907>>>/		加密版本：01 4300062620 03948082
货物或应税劳务名称	规格型号	单位	数量	单价	金额	税率	税额
八渡酸笋	150g×10	件	100	39.32	3 931.62	17%	668.38
合　计					¥3 931.62		¥668.38
价税合计（大写）	人民币肆仟陆佰元整					小写：¥4 600.00	
销货单位	名　　称：田林县恒达食品有限公司 纳税人识别号：4556889906385632 地址、电话：田林县红星路12号 0779—2544235 开户行及账号：农行田林红星支行 784455668941483536			备注	补收1月12日多发货款		

收款人：　　复核：凌丽娜　　开票人：武晓丹　　销货单位：（章）

（印章：田林县恒达食品有限公司 4556889906385632 发票专用章）

第二联：购货方记账凭证

（b）

图 6-46　相关票据及发票

南华市增值税专用发票

全国统一发票监制章 南华市 国家税务总局监制

抵 扣 联

NO：6234349

4500042140

开票日期：2017年1月30日

购货单位	名　　称：南华市华荣贸易有限公司 纳税人识别号：450122316560845 9 地 址、电 话：南华市江滨大道216号 0771—38696933 开户行及账号：建行南华市宁安支行 450016048513668225			密码区	03**263>>0821927-8303 -5215895---669*>7873/ 37315/6*2-+505/32+78 +48-4*1850164907>>>/		加密版本：01 4300062620 03948082
货物或应税劳务名称	规格型号	单　位	数　量	单　价	金　额	税　率	税　额
八渡酸笋	150g×10	件	100	39.32	3 931.62	17%	668.38
合　　计					¥ 3 931.62		¥ 668.38
价税合计（大写）	人民币肆仟陆佰元整					小写：¥ 4 600.00	
销货单位	名　　称：田林县恒达食品有限公司 纳税人识别号：4556889906385632 地 址、电 话：田林县红星路12号 0779—2544236 开户行及账号：农行田林红星支行 784455668941483536			备注	补收1月12日多发货款		

第三联：购货方抵扣凭证

田林县恒达食品有限公司 4556889906385632 发票专用章

收款人：　　复核：凌丽娜　　开票人：武晓丹　　销货单位：（章）

（c）

图 6-46　相关票据及发票（续）

经济业务 47：固定资产计提折旧（见表 6-9）

表 6-9　固定资产折旧计算表

编制日期：2017 年 1 月 31 日　　　　金额单位：元

部　门	月初固定资产余额	应计提折旧固定资产原值	月综合折旧率	月折旧额	备　注
公司本部	1 400 000	1 400 000	2.5‰	3 500	
合　计	1 400 000	1 400 000		3 500	

经济业务 48：预提借款利息（见表 6-10）

表 6-10　银行借款利息计算表

编制日期：2017 年 1 月 31 日　　　　金额单位：元

起止日期	天　数	借款余额	积　数	年利率	应付利息
				6%	
				6%	
				6%	
合　计					

经济业务 49：预提社会保险费及住房公积金（见表 6-11）

表 6-11 社会保险费及住房公积金计算表

编制日期：2017 年 1 月 31 日　　金额单位：元

部门		计费基数	养老保险（19%）	失业保险（2%）	医疗保险（8%）	工伤保险（0.5%）	生育保险（0.6%）	住房公积金（12%）	合计
行政管理部门	公司本部	11 380.00							
	办公室	6 310.00							
	财务部	8 360.00							
	总务部	6 200.00							
	批发部	12 660.00							
	小计	44 910.00							
销售部门	食品柜	11 350.00							
	日杂柜	11 820.00							
	玩具柜	10 520.00							
	小计	33 690.00							
合计		78 600.00							

经济业务 50：分配结转本月工资；预提职工福利、工会经费、职工教育经费（见表 6-12）

表 6-12 工资分配及职工福利费、工会经费、职工教育经费计算表

编制日期：2017 年 1 月 31 日　　金额单位：元

部门		工资总额	职工福利费（14%）	工会经费（2%）	职工教育经费（2.5%）	合计
行政管理部门	公司本部					
	办公室					
	财务部					
	总务部					
	批发部					
	小计					
销售部门	食品柜					
	日杂柜					
	玩具柜					
	小计					
合计						

经济业务 51：计算和结转内部调拨的商品成本（见表 6-13）

表 6-13　商品内部调拨汇总表

编制日期：2017 年 1 月 31 日　　　　金额单位：元

调入部门	商品名称	型号规格	计量单位	数量	调出		调入		商品进销差价
					单价	金额	单价	金额	
食品柜	八渡酸笋	150g × 10	件				56		
	香酥鱼仔	50g × 100	件				238		
	荔浦芋头条	50g × 100	件				260		
	湘辣豆角	50g × 100	件				198		
	小　计								
日杂柜	彩虹自动长柄伞		把				19		
	彩虹皮手柄伞	80cm	把				26		
	彩虹地垫	460mm × 70mm	块				13		
	彩虹防滑垫	47cm × 46cm	块				9.8		
	彩虹暖手袋	23.5cm	个				29		
	彩虹净化包	100g × 10	件				269		
	小　计								
玩具柜	迪美遥控越野车		辆				72		
	迪美遥控特技车		辆				89		
	迪美遥控翻斗车		辆				96		
	嘉鸿电动遥控车		辆				98		
	嘉鸿遥控吉普车		辆				56		
	小　计								
合　计									

经济业务 52：计算和结转批发商品的销售成本（见表 6-14）

表 6-14　批发部商品销售成本汇总表

编制日期：2017 年 1 月 31 日　　　　金额单位：元

序号	商品名称	型号规格	计量单位	数　量	单位成本	总　成　本
1	八渡酸笋	150g × 10	件			
2	香酥鱼仔	50g × 100	件			
3	荔浦芋头条	50g × 100	件			
4	湘辣豆角	50g × 100	件			
5	彩虹自动长柄伞		把			
6	彩虹皮手柄伞	80cm	把			
7	彩虹地垫	460mm × 700mm	块			
8	彩虹防滑垫	47cm × 46cm	块			
9	彩虹暖手袋	23.5cm	只			
10	彩虹净化包	100g × 10	件			
11	迪美遥控越野车		辆			
12	迪美遥控特技车		辆			
13	迪美遥控翻斗车		辆			
14	嘉鸿电动遥控车		辆			
15	嘉鸿遥控吉普车		辆			
	合　计					

经济业务 53：结转零售商品的销售成本（见表 6-15）

表 6-15　零售商品销售汇总表

编制日期：2017 年 1 月 31 日　　　　金额单位：元

部门名称	销售收入（含税）	结转成本金额	备　注
食品柜			
日杂柜			
玩具柜			
合　计			

经济业务 54：计算和结转零售商品的销项税额（见表 6-16）

表 6-16　零售商品销售收入价税分解计算表

编制日期：2017 年 1 月 31 日　　　　金额单位：元

部门名称	含税销售收入	税　率	不含税销售收入	税　额	备　注
食品柜		17%			
日杂柜		17%			
玩具柜		17%			
合　计					

经济业务 55：计算和结转商品的进销差价（见表 6-17）

表 6-17　商品进销差价分摊表

编制日期：2017 年 1 月 31 日　　　　金额单位：元

部门名称	库存商品				商品进销差价			应摊比例	应摊金额
	上月结存	本期增加	本期销售	期末结存	上月结存	本期增加	合　计		
食品柜									
日杂柜									
玩具柜									
合　计									

经济业务 56：计算和结转税金及附加（见表 6-18）

表 6-18　税金及附加计算表

编制日期：2017 年 1 月 31 日　　　　金额单位：元

项　目	计税基数	城市维护建设税（7%）	教育费附加（3%）	地方教育费附加（2%）	合　计
应交增值税					
合　计					

经济业务 57：结转损益类账户（见表 6-19 和表 6-20）

表 6-19　内部转账凭证

编制日期：2017 年 1 月 31 日　　　　金额单位：元

内容摘要	账户名称	金　额	备　注
结转损益类账户贷方余额	主营业务收入		
	其他业务收入		
	投资收益		
	营业外收入		
	合　计		

表 6-20　内部转账凭证

编制日期：2017 年 1 月 31 日　　金额单位：元

内容摘要	账户名称	金　额	备　注
结转损益类账户借方余额	主营业务成本		
	税金及附加		
	其他业务成本		
	销售费用		
	管理费用		
	财务费用		
	营业外支出		
	合　计		

经济业务 58：计算和结转所得税费用（见表 6-21）

表 6-21　所得税费用计算表

编制日期：2017 年 1 月 31 日　　金额单位：元

利润总额	纳税调整金额	应纳税所得额	税　率	应纳所得税额

经济业务 59：编制科目汇总表（见表 6-22）

表 6-22　科目汇总表

编制日期：2017 年 1 月 31 日　　记账凭证　　字自第　　号至第　　号

科目名称	借方发生额	贷方发生额	备　注
库存现金			
银行存款			
其他货币资金			
应收账款			
预付账款			
其他应收款			
在途物资			
库存商品			
商品进销差价			
固定资产			
累计折旧			
待处理财产损溢			
短期借款			
应付票据			
应付账款			
预收账款			
应付职工薪酬			
其他应付款			
应交税费			
应付利息			
本年利润			
主营业务收入			
主营业务成本			
税金及附加			
销售费用			
管理费用			
财务费用			
所得税费用			
合　计			

经济业务 60：编制期末余额试算平衡表（见表 6-23）

表 6-23 期末余额试算平衡表

编制日期：2017 年 1 月 31 日　　金额单位：元

科目名称	借方余额	贷方余额	备　注
库存现金			
银行存款			
其他货币资金			
应收账款			
预付账款			
其他应收款			
在途物资			
库存商品			
商品进销差价			
固定资产			
累计折旧			
待处理财产损溢			
短期借款			
应付票据			
应付账款			
预收账款			
应付职工薪酬			
其他应付款			
应交税费			
应付利息			
实收资本			
资本公积			
盈余公积			
本年利润			
利润分配			
主营业务收入			
主营业务成本			
税金及附加			
销售费用			
管理费用			
财务费用			
所得税费用			
合　计			

经济业务 61：编制会计报表（见表 6-24 ~ 表 6-26）

表 6-24　资产负债表

会小企 01 表

编制单位：　　　　　　　　　　　年　　月　　日　　　　　　　　　　　单位：元

资　产	行　次	期末余额	年初余额	负债和所有者权益	行　次	期末余额	年初余额
流动资产：				流动负债：			
货币资金	1			短期借款	31		
短期投资	2			应付票据	32		
应收票据	3			应付账款	33		
应收账款	4			预收款项	34		
预付账款	5			应付职工薪酬	35		
应收股利	6			应交税费	36		
应收利息	7			应付利息	37		
其他应收款	8			应付利润	38		
存货	9			其他应付款	39		
其中：原材料	10			其他流动负债	40		
在产品	11			流动负债合计	41		
库存商品	12			非流动负债：			
周转材料	13			长期借款	42		
其他流动资产	14			长期应付款	43		
流动资产合计	15			递延收益	44		
非流动资产：				其他非流动负债	45		
长期债券投资	16			非流动负债合计	46		
长期股权投资	17			负债合计	47		
固定资产原价	18						
减：累计折旧	19						
固定资产账面价值	20						
在建工程	21						
工程物资	22						
固定资产清理	23						
生产性生物资产	24			所有者权益（或股东权益）			
无形资产	25			实收资本（或股本）	48		
开发支出	26			资本公积	49		
长期待摊费用	27			盈余公积	50		
其他非流动资产	28			未分配利润	51		
非流动资产合计	29			所有者权益（或股东权益）合计	52		
资产总计	30			负债和所有者权益（或股东权益）总计	53		

表 6-25 利润表

会小企 02 表

编制单位： 年 月 单位：元

项 目	行 次	本年累计金额	本月金额
一、营业收入	1		
减：营业成本	2		
税金及附加	3		
其中：消费税	4		
城市维护建设税	5		
资源税	6		
土地增值税	7		
城镇土地使用税、房产税、车船税、印花税	8		
教育费附加、矿产资源补偿费、排污费	9		
	10		
销售费用	11		
其中：商品维修费	12		
广告费和业务宣传费	13		
管理费用	14		
其中：开办费	15		
业务招待费	16		
研究费用	17		
财务费用	18		
其中：利息费用（收入以“—”号填列）	19		
加：投资收益（损失以“—”号填列）	20		
二、营业利润（亏损以“—”号填列）	21		
加：营业外收入	22		
其中：政府补助	23		
减：营业外支出	24		
其中：坏账损失	25		
无法收回的长期债券投资损失	26		
无法收回的长期股权投资损失	27		
自然灾害等不可抗力因素造成的损失	28		
税收滞纳金	29		
三、利润总额（亏损总额以“—”号填列）	30		
减：所得税费用	31		
四、净利润（净亏损以“—”号填列）	32		

表 6-26 现金流量表

会小企 03 表

编制单位： 年 月 单位：元

项 目	行 次	本年累计金额	本月金额
一、经营活动产生的现金流量			
销售产成品、商品、提供劳务收到的现金	1		
收到其他与经营活动有关的现金	2		
购买原材料、商品、接受劳务支付的现金	3		
支付的职工薪酬	4		
支付的税费	5		
支付其他与经营活动有关的现金	6		
经营活动产生的现金流量净额	7		
二、投资活动产生的现金流量			
收回短期投资、长期债券投资和长期股权投资收到的现金	8		
取得投资收益收到的现金	9		
处置固定资产、无形资产和其他非流动资产收回的现金	10		
短期投资、长期债券投资和长期股权投资支付的现金	11		
购建固定资产、无形资产和其他非流动资产支付的现金	12		
投资活动产生的现金流量净额	13		
三、筹资活动产生的现金流量			
取得借款收到的现金	14		
吸收投资者投资收到的现金	15		
偿还借款本金支付的现金	16		
偿还借款利息支付的现金	17		
分配利润支付的现金	18		
筹资活动产生的现金流量净额	19		
四、现金净增加额	20		
加：期初现金余额	21		
五、期末现金余额	22		

反侵权盗版声明

举报电话：（010）88254396；（010）88258888

传　　真：（010）88254397

E-mail:　　dbqq@phei.com.cn

通信地址：北京市海淀区万寿路 173 信箱

　　　　　电子工业出版社总编办公室

邮　　编：100036